托克托历史人物故事

（第三辑）

杨利民 编著

远方出版社

·呼和浩特·

图书在版编目(CIP)数据

托克托历史人物故事.第三辑/杨利民编著.
呼和浩特:远方出版社,2024.11.-- ISBN 978-7-5555-2083-2

Ⅰ.K820.826.4

中国国家版本馆CIP数据核字第2024YQ6420号

托克托历史人物故事(第三辑)
TUOKETUO LISHI RENWU GUSHI DI-SAN JI

编　　著	杨利民
责任编辑	蒙丽芳
封面设计	丁雪芝
版式设计	王　倩
出版发行	远方出版社
社　　址	呼和浩特市乌兰察布东路666号　邮编010010
电　　话	(0471)2236473总编室　2236460发行部
经　　销	新华书店
印　　刷	内蒙古日报北方印务有限责任公司
开　　本	880毫米×1230毫米 1/32
字　　数	107千
印　　张	4.75
版　　次	2024年11月第1版
印　　次	2024年11月第1次印刷
印　　数	1—2900册
标准书号	ISBN 978-7-5555-2083-2
定　　价	58.00元

如发现印装质量问题,请与出版社联系调换

序（一）

老友杨利民，雅好文史，虽入金融系统，然宿志不改。精算之余，爬罗史志，搜求轶闻。数十年之功，积稿盈尺，于地方文化建设，曰有功焉。结集为《托克托历史人物故事》，嘱予作序。予不敢辞焉，聊缀数语，以作引玉。

书名有数语：托克托、历史、人物、故事，先略释之。托克托，考其原始，明嘉靖中期，西土默特部阿拉坦汗义子恰台吉（即脱脱，亦作妥妥）驻牧妥妥城（托克托城）。当以阿拉坦汗义子之名脱脱得名。脱脱应为蒙古族常用名。《元史》撰者即名脱脱，又作托克托，可证。盖脱为入声字，中古时期收k尾，而克即将k译写为一个汉字而成，脱脱与托克托，当为蒙古名之两种译法，托县常称拖城，乃脱脱城、托克托城之简称。历史，乃过去之事。历史之于中华文化，有独特之文化价值。司马迁有云："思往事，知来者"；"究天人之际，通古今之变"。历史不特记录中华文化之精髓，更要以古知今，以古鉴今，揭示历史发展之规律，以其有用于当世。人物，为有文治武功或奇闻逸事，载入史册或流传于民间之人。故事，乃某事件之文学化表述,于人有启发警策之用。历史人物故事者,非确凿可考之史实,乃是有历史依据之故事。《托克托历史人物故事》,即此义。

托克托之名始于明嘉靖中期,不足500年。若提及云中,则一跃而至战国年间,直溯2300年之外。若说到海生不浪(当为海生不拉)文化,则更在五六千年之外之新石器文明,兹不赘。托克托为富含历史文化之人文荟萃之地,当非溢美。诸君可至托克托县博物馆一观便知。

云中郡,战国赵武灵王始设,治所即在今托克托境内。秦汉因之,治所或有变化。之后屡废屡建,云中之名,虽时见于史籍,然治所详情,邈然不可考。及至李唐,与北方游牧部族争雄,云中故地,又得重光。史籍所载,或略或详,虽间有龃龉,此亦史学故常,殊不足怪,留待学者考辨。塞外名城,固若云中之城隐没于历史迷雾之中?云中之事,吉光片羽,难寻全貌;云中之人,鸢飞豹隐,时见一斑。史家诠叙故实,则材料不足;塞外古城风流,倩何人演说?唯杨君诚笃,多年孜孜不倦,于经史子集中爬罗剔抉,将与云中、托克托相关之遗珠断简尽数拣出,精心编辑,成此《托克托历史人物故事》,不亦可乎?

开卷展读,耳目一新。自先秦及清代,帝王将相、文人骚客、异人侠士、豪商巨贾、布衣名流,均与云中、托克托有关系,果如是邪?此乃历史与历史故事之别。历史以史料为核心,近人王国维首倡"二重证据法":"吾辈生于今日,幸于纸上之材料外,更得地下之新材料。由此种材料,我辈固得据以补正纸上之材料,亦得证明古书之某部分全为实录,即百家不雅训之言亦不无表示一面之事实。此二重证据法惟在今日始得为之。"史学大家陈寅恪云："一曰取地下之实物与纸上之遗文互相释证"，"二曰取异族之故书与吾国之旧籍互相补正"，"三曰取外来之观念，以固有之材料互相参证"。简言之，即以各种材料（传世文献、地下文献等）相互印证，方得确认。此历史研究之正途，无可置疑。历史故事则有所不同。史籍所载，必有详略，详者易知，略者阙如。且文献传承，洵多艰难。秦火固不必说，兵燹战乱，水火无妄，典籍传承，危若悬丝。观历代典籍著录，只存其名，不见其书，无片纸可睹者何止千万。赅博如孔子者，也有"礼失，求诸野"之叹。史料灭失、史籍失载，固为史家无可奈何之事；然故事则不然，依史料之线索，寻草蛇灰线，加以补充，以合理之想象，由一管所窥绘全豹之美，现鲜活场景，乃故事之所长。

　　云中始建于战国，兴于秦汉。虽处塞外，然为古代西北重镇，为兵家所争。隋唐时地位更显，官府军政文教多有建设，史籍典册所载甚多。洎乎明清，托克托负云中之荣光重现于世。境内河口镇为黄河上中游分界点，地理位置优越。明朝开发西部，内地物资转输西北，黄河船运其利愈显。河口镇为重要水旱码头，下接晋冀，上通呼包，远至库伦（今蒙古国乌兰巴托）。舳舻相接，店铺林立，商贾云集，百业兴旺，洵为一时之盛。至平绥铁路开行，黄河航运渐告没落，河口镇亦不为人知。现在政府努力恢复河口镇旅游事业，旧貌换新颜，庶几可待。与中原市县相较，托克托难言富庶。但几千年积淀之文教土壤，孕育代代杰出人物。就此言之，人杰地灵，不为过誉。诸君展卷而读，当知余言不谬。

　　欣逢盛世，何幸如之！乘国运之昌旺，发古郡之声威。弘教化于塞外,建功勋于宇内。固为我托克托人之天职,可不勉旃!

是为序。

杜若明

(北京大学教授)

2019年10月14日

序（二）

　　杨利民，托克托县河口镇人，初中同学、高中同桌。1977年恢复高考时，我们读初二；1978年，升初三，我们同班。当时，教室是平房，教室后墙和外墙各有一块大黑板，各班负责墙报，学校会定期检查评比。杨利民是宣传委员，负责班级墙报工作，既组稿又撰稿，还要完成版面设计、插图、美术字和板书等，因评比屡获奖，大家尊称他为"杨总编"。

　　杨利民大学所学专业为中文，毕业后进入银行工作。工作之余他就潜心挖掘和研究托克托历史。30多年来，他不停地走访相关史学研究者，自费到全国各地图书馆查询相关历史文献，完成《托克托历史人物故事》。印象中，书中所述历史人物、历史事件，好像与托克托并无交集。例如：

　　公元前219年，秦始皇为了长生不老，巡游赵国故地云中郡（今内蒙古自治区托克托县东北），寻找吉祥之鸟——天鹅；公元前200年，汉高祖刘邦命封陈豨为列侯，统管赵国、代国及包括云中郡一带戍卫边疆军队，这是有关托克托最早的历史记载。还有，托克托保持至今的物资交流大会，历史悠久，可以追溯到金代。

公元429年,巾帼英雄花木兰,女扮男装从军12年,参加了北伐黑山(今内蒙古自治区托克托县黑城东)之战。公元682年,大将薛仁贵在单于都护府(今内蒙古自治区托克托县东北)指挥了云州战役。

再有,托克托有诸多历史人物,如公元1182年出生的武都,官至户部尚书;公元1181年出生的程震,与其兄程鼎同科进士及第,官至监察御史;公元1203年出生的孟攀鳞因才华出众,被皇帝忽必烈授予翰林;公元1234年出生的程思廉,与人为善,为官清廉,疾恶如仇,刚正不阿,于公元1269年进入京师升任监察御史;明朝名将孙镗,托克托人,后被封为滦国公,充任总兵官。

印象中,为了生存,人口向来是北迁,如走西口、闯关东;但公元1373年9月,明太祖朱元璋下令将东胜州(今内蒙古自治区托克托县)、云内州(今内蒙古自治区托克托县)等地4万多户约22万人迁到中立府(今安徽省凤阳县),值得历史学家深入研究。

书中记载了与托克托有关的几位皇帝,但百姓口中流传最广的还数清康熙皇帝。公元1696年农历十月二十八日,为征讨噶尔丹叛乱,康熙率领大军来到湖滩和硕(今内蒙古自治区托克托县河口)黄河岸边。因黄河流凌、河水湍急,大军无法过河,暂驻在湖滩和硕。农历十一月三日,康熙泛舟黄河,诗兴大发,吟诗一首:

黄 河

黄涛何汹汹,寒至始流凌。

解缆风犹紧,移舟浪不兴。
威行宜气肃,恩布觉阳升。
化理应多洽,嚣氛顷刻澄。

杨利民30多年孜孜不倦的研究与考证,为续写和完善托克托历史做出了贡献,他把托克托历史与中国历史紧密结合在一起,把一个传承的、鲜活的、动态的、有血有肉的托克托历史展示在世人面前。

因留存下来的文献资料有限,不能完全还原历史真相,但杨利民为托克托历史研究走出第一步,实属不易。此作凝结了作者30多年的心血,奠定了托克托历史人物研究的基础。

贺振富

(国家发展和改革委员会、国家能源局专家)

2019年10月9日

序(三)

追随着杨利民先生关于托克托县历史人物故事系列文章的不断发表和陆陆续续地结集出版，我饶有兴趣地一路读了下去。展卷之际，除了赞叹这个塞外小县历史的悠久和丰富，便是感慨这些文章的可贵价值和撰写它的难能。

先谈其"可贵"。

志书是端庄肃穆的，但也常是冰冷的，抽象的，直线条的，少些温度，少些细节，少些旁逸斜出，少些生活的杂芜和生命的悲欢；而稗官野史、小说家言，倒是活泼亲切的，有声有色的，但也常是附会想象，羌无实据，失去了史学价值。利民先生的这些文章，则以另一种姿态出现，走的是对二者分别扬长避短的中间之路。

作者以治学的态度撰写文章，不用传说，不搞戏说，更不向壁虚构，每个人、每件事都有所本，征引有据。研究方法既有文献稽考，又有田野调查，颇具学院之风。由于有此基础，这些文章必然会成为将来研究托克托县历史的重要文献资料。

另一方面，这些文章侧重细节，善讲故事，有时还关注历史人物的心灵世界,因此,使得历史事件生动起来,历史人物有血有肉起来,避免了一般正史的呆板平面。加之作者采用娓娓道来的叙述语言,有时还进行画面感很强的描绘,且常常借用诗词歌赋,因此使得文字有了味道,有了文采。

这是第一个可贵之处。

第二,截至现在,作者的这个系列故事已经有100多万字了,人物已经出现100多个了。其纵向跨度使读者对托克托县文化的悠久有了更加真切的体会,每一个历史片段的介绍使读者对托县文化的灿烂有了更加具体的感受。与此前有关志书相比,作品不仅在历史人物的数量上,而且由于其广角度的、较为细致的展现以及现代意识的观照,所以在历史人物的厚度和深度上,都大大增加了。这将更加提升托克托县在中华民族文明史上的地位,更加强化托克托县人民乃至整个土默川地区的人民的历史自信。

第三,系列故事立足于普及知识和方便阅读,所以语言通俗晓畅,篇幅也都很短。对于成年人来说,宴卧漫行,开卷即览,每有一得,亦是快事;对于青少年学生来说,读之可懂,读之不倦,读之有益,故大可作为课外读物。

第四,作者用一些具体的故事叙述了一个宏大的主题。托克托县这片土地,是中国北方多民族活动的重要舞台。作者在这些历史故事中,讲述了与这个舞台有关的许多人物,他们都在托克托县这个地方的发展历程中书写了重要一笔。"我们辽阔的疆域是各民族共同开拓的,我们悠久的历史是各民族共同书写的,我们灿烂的文化是各民族共同创造的,我们伟大的精神是各民族共同培育的。"这个思想贯穿在的这些故事中,作者虽然没有明言,但分明始终在书写这个思想,如盐在水,无痕有味。这种对事实的客观陈述,具有很强的说服力,对于引导各族人民尤其是广大青少年铸牢中华民族共同体意识,有着极强的现实意义和深远的历史意义。

再谈"难能"。

托克托县这个地方,历来是兵家纷争、交融的前沿。这对于写史来说是一个优势:历史丰富——它有许多人物和事件应该书写;但也是写史的难处:多数时候,托克托县这个地方并不在中国历史的中心舞台,所以有关历史的记录不够丰赡、不够全面、不够具体,而且关联记录较少,使得素材不足,直接资料更少。但利民先生能从史籍的汪洋大海中寻找到有关托克托这个地方的并不著名的历史人物或著名的历史人物的并不著名的事件。他善于从历史记载的一鳞半爪中捕捉到一点线索,由此牵引开来,再在其他地方找到印证和补充,互参互鉴,进而窥见其全貌,写出一个较为完整的人物故事来。除了正史、全局史,作者还搜罗、征引了许多非主流性、非全局性的历史资料,如历代官修和民修的史料汇编、史稿、实录、地理志、民族志、地方志等等,这是对正史的有效补缺。写作这些历史人物故事所需要的素材,多是原书一笔带过的、被学者和一般的读者所忽略的文字,以及电子图书索引没有的条目,所以靠简单查阅是很难觅得的,非作者博览、通读、细察不可。这是一个浩大的工程,作者须付出披沙拣金的艰辛劳动,具备洞隐烛微的雄厚学力。这使我由衷叹服利民先生!

我猜想,杨利民先生的这些文章特别是由此结集出版的著作，一定会影响今天和以后很多人，包括广大读者和同样有志于这方面研究的后代学者。

马晓华
（内蒙古师范大学附属中学教师
内蒙古师范大学教育硕士研究生导师）
2022年7月31日

目 录

秦 代
秦始皇与托克托(续) …………………………………… 3

北 魏
云中镇将来大千与托克托 …………………………… 9

西 魏
独孤信与托克托 ……………………………………… 15

隋 代
独孤罗与托克托 ……………………………………… 21
隋炀帝的诗词与托克托 ……………………………… 24
隋代"白道川"与托克托 ……………………………… 30

唐 代
郭子仪与托克托 ……………………………………… 37
突厥毗伽可汗与托克托 ……………………………… 40
张敬询与托克托 ……………………………………… 43

辽 代

丰州白塔与云内州、东胜州 ············· 49

金 代

东胜州刺史乌古论仲温与托克托 ············· 55

元 代

耶律楚材与托克托（再续） ············· 61
耶律楚材、孟攀鳞与托克托 ············· 65
牛站与托克托 ············· 71

清 代

黄河畔的酸米饭与托克托 ············· 77
刘掌柜与托克托 ············· 81
木税与托克托 ············· 85
呼和浩特的五路村与托克托 ············· 89
盐大使与托克托 ············· 95

民 国

杨令德、李裕智与托克托 ············· 101
归绥中学校长霍世休与托克托 ············· 106
李达光与托克托 ············· 110
绥远省沃野局长刘继尧与托克托 ············· 114

电灯公司总经理武世臣与托克托…………………… 118

马占山与托克托………………………………………… 121

知事屠义源与托克托…………………………………… 126

霍亮生与托克托………………………………………… 130

秦代

秦始皇与托克托(续)

秦始皇统一六国后,摒弃了周朝的分封制,转而实行了中央集权的郡县制,并且将巡视全国作为他管理国家的一项重要措施。

秦始皇第一次出巡是公元前220年,"始皇巡陇西、北地、出鸡头山,过回中"。主要目的是视察西北边防;第二次出巡规模较为宏大,先去了岳阳、武汉等楚地,然后去了徐州、青岛、烟台等齐地,完成泰山封禅仪式;第三次出巡主要目的是再次前往齐地;第四次出巡主要目的是视察北部边防,去了秦皇岛的碣石,巡视了雁门、云中、九原、上郡等重要关塞;第五次出巡就是秦始皇的人生终点,他去了楚地、吴越、齐地,最后在邢台的沙丘病死。

秦始皇共出巡五次,其中两次到过今天的内蒙古托克托地区,即第四次和第五次。

先讲第五次出巡:

公元前212年,第五次巡视时,始皇死于沙丘(今河北省广宗西北大平台),运载尸体的辒辌车(丧车)就是"从井陉抵九原",再"从直道至咸阳,发丧"。(《史记》卷六《秦始皇本纪》)

据山西省右玉县杀虎口博物馆档案资料记载,秦代作为边陲之地的善无县,战略地位十分重要。蒙恬率军驻守,修建了连接全国交通网络的驰道,秦始皇病死河北沙丘后,取道善无县参合口(今山西省右玉县杀虎口镇),经云中郡(今内蒙古自治区托克托县东北)入驰道、直道返回咸阳。驰道是公元前222年起秦始皇下令大规模修筑的以国都咸阳为中心,向四方辐射的道路,类似于现代的高速公路。

那么,为什么秦始皇死后要经过云中郡,取秦直道回咸阳呢?

因为,秦朝当时修建有著名的驰道:上郡道、临晋道、东方道、武关道、秦栈道、西方道、秦直道。秦直道是秦始皇统一六国后为阻止和防范北国匈奴贵族的侵扰,令大将军蒙恬率30万大军用两年时间修筑的南起咸阳林光宫(今陕西省咸阳市淳化县),北至九原郡(今内蒙古自治区包头市)的一条南北长700余千米(秦制约合今1400余里)的军事通道。秦直道是由咸阳通往北境阴山间最近的道路,大体南北相直,故称"直道"。秦直道比闻名西方的罗马大道还要早200多年,是世界上公认的第一条高速公路。

秦直道的修筑,不仅加强了对北部边疆地区的治理,也促进了南北经济文化的交流。

再讲第四次出巡:

因秦始皇第四次出巡返回时经上郡、云中郡、九原郡,故先说这三郡。

上郡,战国魏始设置,秦沿袭治所肤施(今陕西省榆林市东南)。西与北地郡相邻,辖境较魏上郡扩大,包括今内蒙古自治区鄂尔多斯市东部准格尔旗西南、伊金霍洛旗、乌审旗一带,所属广衍县城址即今准格尔旗勿尔吐沟古城。

云中郡,战国赵武灵王北破林胡、楼烦后始置,建云中城。公元前234年,承赵云中郡,并设县,郡治云中(今内蒙古自治区托克托县古城村古城),辖境包括今大青山以南,乌兰察布市卓资县以西,黄河以北呼和浩特平原及山地丘陵带地区。

九原郡,战国赵始建九原城,秦并赵破匈奴后改置九原郡。治所九原(今内蒙古自治区包头市西郊麻池古城,一说乌拉特前旗哈业胡同三顶账房古城)。

九原郡与云中郡相邻。秦蒙恬击败匈奴,收取河南地后,以河为塞,所筑四十四(一说三十四)县城,主要隶属于九原郡和云中郡。

秦始皇第四次出巡返回时,并未经直道回咸阳。

秦始皇第四次出巡至碣石的路线,史无记载,当循魏、赵、燕故都,即经安阳、邯郸、蓟县、东驱海滨抵今山海关、秦皇岛,"巡北边,自上郡入"(《史记》卷六《秦始皇本纪》)。

北地除了直道,还有不少其他道路,如辽西经云中、上郡至咸阳的驰道。

归途就是沿北方边郡的大道,从碣石(今河北省昌黎县北)西北行,经右北平(治无终,今河北省蓟县)、渔阳郡(治渔阳,今北京市密云区西南)、上谷郡(治沮阳,今河北省怀来县东南)、代郡(治代县,今河北省蔚县西南)、雁门郡(治善无,今山西省右玉县南)、云中郡(治云中,今内蒙古自治区托克托县古城村古城)渡黄河,南经上郡(治肤施,今陕西省榆林县东南)至咸阳。

秦始皇在原赵国基础上还开拓了以云中为枢纽的云中郡道,包括经原阳(今呼和浩特市东南)东至代郡,经九原向西至高阙,渡黄河西南经榆中(今鄂尔多斯市东)至咸阳的道路。

北魏

云中镇将来大千与托克托

《托克托县志》记载:"北魏,李大千,代郡人,云中镇将。"这里记载的"李大千"有误,应为来大千。

来大千(?—447年),复姓来默氏,鲜卑族。北魏时期将领,后将军来初真的儿子。

来初真因跟随北魏道武帝拓跋珪在叱候山避难,参与创业,立下功劳,官至后将军,封爵五原侯。

来大千,个性骁果,擅长骑射。永兴初年,拜侍御中散,袭爵五原侯,迁内三郎、内幢将,负责宫中禁卫。太武帝即位后,拜散骑常侍,征伐四方,屡立战功,赐爵庐陵郡公,累迁平北将军、云中镇将、都统白道军事,巡抚六镇。

这里的六镇是指:沃野镇、怀朔镇、武川镇、抚冥镇、柔玄镇、怀荒镇。

1. 沃野镇:北魏六镇中最西的一镇,曾几经迁徙,后期东移至今内蒙古自治区巴彦淖尔市乌拉特前旗苏独仑乡根子场古城。

2. 怀朔镇:故址在今内蒙古自治区包头市固阳县城圐圙村。

3. 武川镇:《中国历史地图集》标定在内蒙古自治区呼和浩特市武川县大青山乡土城梁古城。

4. 抚冥镇:一说是内蒙古自治区乌兰察布市四子王旗乌兰花镇东南土城子古城,一说是库伦图乡城卜子古城。

5. 柔玄镇:《中国历史地图集》标定在内蒙古自治区乌兰察布市兴和县石湾子乡桥树营一带。

6. 怀荒镇:《中国历史地图集》标定在河北省张家口市张北县。

关于六镇设置的时间,史籍记载不一。周一良先生认为应在公元398年北魏迁都平城之后设置六镇。目前一些学者更为精确地指出,六镇的设置年代应为公元433年。

云中镇的始置年代,史籍无明文记载。据推断,应设置于北魏延和元年(公元424年)之前,早于怀朔镇。

另,据《托克托县志》(1984年6月版,第351页)记载,有一个叫安原的辽东人,在北魏明元帝时任过云中镇将。

云中镇除管辖云中地区的军事防务之外,上述六镇中的西三镇(沃野镇、怀朔镇、武川镇)与东三镇(抚冥镇、柔玄镇、怀荒镇)之间的漠南地区,也属于云中镇管辖。云中镇治今内蒙古自治区托克托县。

据《魏书》卷三十《来大千传》记载,大千"从讨蠕蠕,战功居多。迁征北大将军,赐爵卢陵公,镇云中,兼统白道军事。贼北叛,大千前后追击,莫不平殄。延和初,车驾北伐,大千为前锋,大破房军。世祖以其壮勇,数有战功,兼悉北境险要,诏大千巡抚六镇,以防寇房"。

"兼统白道军事"表明：来大千还统辖白道的溪水（今内蒙古自治区呼和浩特市乌素图水）流域及建于阴山蜈蚣坝下面的白道城。

在来大千之前，司马楚之也曾担任过云中镇将。笔者在《北魏云中镇将司马楚之与托克托》一文已论述。

由上述《来大千传》中的文字记载，我们可知来大千有如下功绩：

一、战功居多

北魏永兴元年（公元409年），来大千初任骑都尉，后又继承其父的五原侯爵位。在朝觐庆贺的日子，来大千穿着皇帝赐的铠甲，在大殿前骑着骏马来回驰骋，朝中大臣看着莫不称赞。后又升任内三郎、内幢将，掌管禁军。来大千执法严明，上下整齐严肃。

来大千曾经跟随明元帝拓跋嗣打猎，看见有只老虎正在高山之上，于是，他手握长矛径直向前刺它，随手而死。明元帝嘉许他勇猛强壮，升任他为殿中给事。

北魏泰常八年（公元423年），太武帝拓跋焘即位后，来大千与襄城公卢鲁元等七人担任常侍，拿着兵器侍卫，昼夜不离左右。

北魏始光四年（公元427年），来大千随太武帝拓跋焘讨伐大夏皇帝赫连昌，同征东将军长孙道生与夏军交战。长孙道生的战马倒下，遭到夏军攻击，来大千驱马相救，夏军四散逃走。来大千扶长孙道生上马，使其得以逃脱。

二、巡抚六镇

北魏延和元年（公元432年），太武帝北伐柔然，来大千作为先锋,大败柔然军队。太武帝因来大千强健勇敢,屡建战功,并熟悉北部边境的险要,于是诏令他巡抚六镇,防备柔然侵犯。来大千谋划部署非常得当。

三、平叛去世

北魏太平真君八年(公元447年),吐京镇胡人反叛,太武帝任命来大千为都将,让他率军平定叛乱。来大千最终在吐京去世,后追赠他为司空,赐谥号庄公。

此外,《魏书》中关于北魏太武帝到云中有下列记载,可与来大千任云中镇将的时间对比分析。

公元424年,始光元年秋,(蠕蠕)乃寇云中。世祖亲讨之,三日二夜至云中。(《魏书》六,2292页。始光:太武帝拓跋焘年号。)

公元426年,始光三年,六月,(太武帝)幸云中旧宫,谒陵庙;西至五原,田于阴山……冬十月,车驾西伐,幸云中,临君子津。(《魏书》一,71页)

公元430年,神䴥三年,三月,云中、河西敕勒千余家叛。尚书令刘洁追灭之。夏四月,(太武帝)行幸云中,敕勒万余落叛走。诏尚书封铁追讨灭之。(《魏书》一,75页)

公元431年,神䴥四年夏五月,(太武帝)行幸云中。(《魏书》一,78页)

公元434年,延和三年,十二月,(太武帝)行幸云中。(《魏书》一,84页)

公元435年,太延元年,夏五月,行幸云中。(《魏书》一,84页。太延:太武帝年号。)

西魏

独孤信与托克托

从西魏到北周有一个重要的军事政治集团叫"关陇集团"。"西魏大统八年(公元542年),宇文泰仿周典置六军,合为百府。每府一郎将统之,分属二十四军,开府各领一军。大将军凡十二人,每一大将军统二府,一柱国统二大将军,凡柱国六员,复加持节都督以统之。十六年籍民之有才力者,为府兵。"(《后魏书》)

"关陇集团"一词是陈寅恪在阐释西魏、北周、隋、唐四代政权的特点时命名的,最早源自宇文泰的八柱国,由北魏六镇武将、武川镇的鲜卑贵族和关陇地区的汉人豪右等组成。

在西魏大统十六年(公元550年)以前,柱国大将军这一称号共封给八个人,分别是:宇文泰、元欣、李虎、李弼、于谨、独孤信、赵贵、侯莫陈崇,其中宇文泰总领诸军,元欣为西魏皇族,兵权受到限制,剩下的六人每人统领两名大将军,即为府兵中的"十二大将军"。

独孤信以德抚民,李虎以战立名,正是由于他们各显其能,铸就了北周的辉煌。

在关陇集团中,宇文泰、独孤信、杨忠、李虎最为有名,而这个集团的关键人物是独孤信。

独孤信、宇文泰、杨忠、李虎均与今呼和浩特地区有关,其中独孤信是云中郡(郡治今内蒙古自治区托克托县古城镇古城村)人。

据《托克托县志》(1984年6月版,第359页)记载:"西魏独孤信(公元503—557年),云中人,卫国公。"

独孤信,出自云中的鲜卑别部,本名独孤如愿,少年时风度过人,任勇好侠,后投入葛荣帐下。

另,据《呼和浩特文史资料》(第十八辑,第35页)记载,独孤信,原名如愿。独孤信年轻时因在武川参与抵抗起义军卫可瑰的战事而出名。任秦州刺史时,对百姓"示以礼教,劝以耕桑"。因此,"数年之中,公私富贵,流民愿附者数万家"。他的信义深得民心,宇文泰"赐名为信"。后为北周柱国大将军、尚书令、卫国公。

而且,独孤信与宇文泰、杨忠、李虎是亲家关系,其长女嫁宇文毓(周明帝,宇文泰长子),为明敬皇后;四女嫁李昞(李虎之三子,李渊之父),为元贞皇后;七女嫁杨坚(杨忠长子,隋文帝),为文献皇后。

独孤信的三位亲家公情况如下:

1. 宇文泰

宇文泰(公元507—556年),字黑獭,代郡武川县(今内蒙古自治区武川县)人,鲜卑族。西魏王朝的建立者和实际统治者,西魏禅周后被追尊为太祖文皇帝。

《拓跋史探》的作者田余庆曾谈道:"苻坚、孝文帝、宇文泰,他们是在北方民族关系发展的不同阶段上推行此政策(汉化政策)的卓越代表人物。""灭陈战争的成功完成于隋,但包含了苻坚、孝文帝、宇文泰所作的贡献,其中宇文泰的贡献更为直接,更容易被察觉到。"

后来,宇文泰的第五女襄阳公主,下嫁窦毅,是唐高祖李渊太穆皇后(李世民之母)之母。

2.李虎

李虎(?—551年),字文彬,陇西郡成纪县(今甘肃省天水市秦安县)人。唐朝开国皇帝李渊的祖父,唐太宗李世民曾祖。

李虎年少时,志向远大,好读书而不死记硬背,喜骑马射箭,广交朋友,乐善好施,深受大都督贺拔岳器重。因功升宁朔将军,后平叛有功升为左厢大都督。北魏永熙三年(公元534年),贺拔岳遇害后,曾打算拥立贺拔胜继任,未果,于是跟随宇文泰。西魏大统三年(公元537年),受封陇西郡公。西魏大统十七年(公元551年),因病去世。

3.杨忠

杨忠(公元507—568年),字揜于,弘农华阴(今陕西省华阴市)人。西魏十二大将军之一,隋文帝杨坚之父。

据《周书》卷十九《杨忠传》记载,杨忠"状貌瑰伟,武艺绝伦"。而且,见识广博,颇有将帅之略。早年先后效力于元颢、尔朱度律、独孤信的帐下。后来护送孝武帝元修迁都长安,得到宇文泰重用。北周建立后,册封随国公(随国公即隋国公)。长子杨坚建立隋朝后,追谥武元皇帝,庙号太祖。

隋代,为了避杨忠讳改云中故城为万寿戍(今内蒙古自治区托克托县古城镇古城村云中故城)。

隋代

独孤罗与托克托

隋文帝杨坚,汉族,鲜卑赐姓普六茹,隋朝开国皇帝。杨坚在北周武帝时官至上柱国、大司马,封为隋国公,承袭父爵。公元581年,北周静帝鉴于杨坚深得民心,颁布诏书,宣布将帝位禅让于杨坚。杨坚登基称帝,改元开皇,建立隋朝。

杨坚的妻子叫独孤伽罗,杨坚称帝后封独孤伽罗为皇后。独孤伽罗在杨坚执政期间给予了诸多助力,两人相伴45年后,独孤伽罗病逝,谥号文献皇后。

独孤伽罗出身名门望族,她的父亲是北魏、东魏、西魏、北周时期鼎鼎大名的独孤信,是杨坚父亲杨忠的好朋友。

据《托克托县志》(1984年6月版,359页)记载,西魏独孤信(公元503—557年),籍贯云中,卫国公。

传说,独孤本姓刘,是汉光武帝刘秀的后代。刘秀之子刘辅的裔孙刘进伯官度辽将军,在攻打匈奴时失败,被囚禁于孤山(今辽宁省海城市境内)之下,号独孤部。传至六世孙罗辰时,随北魏孝文帝迁居洛阳,以其部落名命姓,称独孤氏。

独孤信的儿子独孤罗是隋文献皇后独孤伽罗的大哥。独孤罗(生卒年未详),字罗仁,云中人。

据《呼和浩特文史资料》第十八辑第20页记载,独孤罗,字罗仁。云中人。其父独孤信。北魏孝武帝入关中,独孤罗为高氏所囚,待到独孤信被宇文护杀害后,才把独孤罗释放。独孤罗寓居中山生活不能自给,齐将独孤永业以宗族关系怜悯之并给其牺牲养活糊口。

事情的经过是这样的:

公元534年,独孤信随北魏孝武帝元修入关中,到长安宇文泰处。独孤信的妻子如罗氏与他们刚出生不久的儿子独孤罗留在东魏,后被东魏权臣高欢囚禁。

公元557年,独孤信因参与楚国公赵贵铲除权臣宇文护之谋,事情泄露后被毒杀。此后,被囚禁将近23年的独孤罗才被释放,寓居于中山郡,历经磨难。在独孤罗生活贫苦不能养活自己的时候,时为北齐大将的独孤永业看到这样的情形后顿生怜悯之心,故以宗族之亲,予以接济。

北周攻灭北齐时(公元577年),独孤罗的妹夫杨坚任定州总管。妹妹独孤伽罗派人找到大哥独孤罗,兄妹"相见悲不自胜",独孤伽罗赠送了独孤罗丰厚的财物。

在独孤伽罗派人找到独孤罗后,北周武帝知道独孤罗系功臣之子,又久沦落于异地,遂将独孤罗征拜为楚安郡太守。隋文帝杨坚时为丞相,拜独孤罗仪同。

后来,独孤罗以病辞官,回到长安。独孤信在长安所生的几个儿子,见独孤罗少长贫贱,每每对其轻视羞辱,不以兄长之礼对待。而独孤罗由于年长,不愿与诸弟争高低,其言行深得独孤伽罗赏识。

《绥远通志稿·人物》记载:"既受禅,诏追赠罗父,其诸弟以罗母没齐,先无夫人号,不当承袭。"

独孤信入关后娶二妻,郭氏生六子:善、穆、藏、顺、陁、整;崔氏生隋献皇后独孤伽罗。皇上就袭爵一事问皇后,皇后曰:"罗诚嫡长,不可诬也。"于是就让独孤罗袭爵赵国公,擢拜右将军,迁左卫将军。出任凉州总管,进位上柱国,征拜左武卫大将军,赏赐金银财宝无数。

隋炀帝杨广即位后,独孤罗改封为蜀国公。未几,卒于官位,谥号恭。

隋炀帝的诗词与托克托

隋炀帝杨广不仅是一位帝王,而且还是一位诗人。他有一首诗叫《野望》,是这样写的:"寒鸦飞数点,流水绕孤村。斜阳欲落处,一望黯销魂。"意思是说:千万点的寒鸦飞起落下,孤单的村庄被流水环绕,斜阳欲落,暮霭渐逼,望之令人黯然销魂。乍一看,我以为这首诗是写北方情景的,但它实际描写的是南方孤村晚景,而且是杨广当皇帝前写下的。自从当了皇帝以后,杨广写北方情景的诗就多了起来,这从《全隋诗》中可以看得出来。大家都知道《全唐诗》,但对《全隋诗》知之甚少。从诗中可以看出,隋炀帝不仅多次到过北方,而且在内蒙古自治区托克托县境内巡游过一段时间。

隋炀帝在巡视云内(今内蒙古自治区托克托县境内)的过程中,与突厥启民可汗等首领共同缔结了"金河之盟"。

自此以后,边境人民得以休养生息,出现"人民羊马,遍满山谷"的兴旺景象。白道川(土默川)的农业空前发展,以至"边戍无馈运之忧"。

隋炀帝在此次盛会中,兴奋之余赋诗一首:

云中受突厥主朝宴席赋诗

〔隋〕杨广

鹿塞鸿旗驻,

龙庭翠辇回。

毡帷望风举,

穹庐向日开。

呼韩顿颡至,

屠耆接踵来。

索辫擎膻肉,

韦鞲献酒杯。

如何汉天子,

空上单于台。

据《隋书》记载,大业三年(公元607年),隋炀帝车驾发榆林,亲巡云内(云内即云中,隋朝时,为了避隋文帝杨坚之父杨忠的名讳,云中改为云内,云中故城在内蒙古自治区托克托县境内),溯金河而东北。据《中国古今地名大词典》记载,金河,古水名。在内蒙古自治区呼和浩特市南,托克托县北大黑河的下游汇为金河泊,南入黄河,其泥色紫,故曰金河。

隋炀帝亲巡云内后,要到哪里去呢?是去启民可汗的牙帐大利城。当时随驾卫士和兵卒约50万人,战马10万匹,会见启民可汗及突厥、奚、室韦、沙陀等部族首领共3500余人。

据史料记载,启民可汗及其部众曾驻牧于今内蒙古托克托县古城镇古城村的云中故城及大黑河沿岸一带。

那么,启民可汗及其部众是什么时间驻牧的呢?

公元599年,隋文帝筑大利城,用来安顿突厥的启民可汗及其部落。隋炀帝大业初置大利县(治今内蒙古自治区和林格尔县西北土城子),为定襄郡治。

隋炀帝大业初置大利县后,原居于大利城及其周边地区的突厥启民可汗及其部众去了哪里呢?

《绥远通志稿》卷十二(中),第二册第135页引《山西通志》:"定襄郡治大利城,即古云州也,在和林格尔厅。又案文帝居启民於大利城,炀帝於大利置县,盖徙启民於万寿戍也"。万寿戍即云中故城,可见,启民可汗及其部众被隋炀帝令居万寿戍了。

而《资治通鉴·隋纪四》记载得更为详细:

"(大业三年)八月,壬午,车驾发榆林,历云中,溯金河。时天下承平,百物丰实,甲士五十馀万,马十万匹,旌旗辎重,千里不绝。令宇文恺等造观风行殿,上容侍卫者数百人,离合为之,下施轮轴,倏忽推移。又作行城,周二千步,以板为干,衣之以布,饰以丹青,楼橹悉备。胡人惊以为神,每望御营,十里之外,屈膝稽颡,无敢乘马。启民奉庐帐以俟车驾。乙酉,帝幸其帐,启民奉觞上寿,跪伏恭甚,王侯以下袒割于帐前,莫敢仰视。帝大悦,赋诗曰:'呼韩顿颡至,屠耆接踵来;何如汉天子,空上单于台。'"

隋炀帝年少好学,善诗文,有集55卷。杨广在位14年(公元604—618年),《全隋诗》录存其诗44首。

根据隋炀帝杨广上述两首诗词风格得出如下结论:

1. 一首写南方,一首写北方。

2. 一首写于当皇帝之前,一首写于当皇帝之后。

3. 除上述两首以外,写南方与北方的诗词风格有差异,但写于当皇帝前后的诗词风格差异不大。明代文学家张溥在《汉魏六朝百三家集题辞·隋炀帝集》中云:"陈隋文哀,帝王有作,与众同波"。南朝至隋,帝王诗中不作王霸之语,而与民间诗人同一风格。

隋代存在时间短暂,因而我们了解到的隋代重要诗人和优秀作品有限。然而,隋代的诗歌却是由南北朝诗歌向唐诗发展进程中的重要一环。我们通过分析杨广的诗词风格,可以看出:他的诗词具有独特的审美风貌,具有明显的南北诗风融合迹象。

杨广写北方题材的诗词还有《白马篇》等,但总体上北方题材的诗词作品数量要比南方题材的诗词作品数量少些。

杨广《白马篇》原文:

> 白马金贝装,横行辽水傍。
> 问是谁家子,宿卫羽林郎。
> 文犀六属铠,宝剑七星光。
> 山虚弓响彻,地迥角声长。
> 宛河推勇气,陇蜀擅威强。
> 轮台受降虏,高阙翦名王。
> 射熊入飞观,校猎下长杨。
> 英名欺卫霍,智策蔑平良。
> 岛夷时失礼,卉服犯边疆。
> 征兵集蓟北,轻骑出渔阳。

进军随日晕，挑战逐星芒。
阵移龙势动，营开虎翼张。
冲冠入死地，攘臂越金汤。
尘飞战鼓急，风交征旆扬。
转斗平华地，追奔扫鬼方。
本持身许国，况复武功彰。
会令千载后，流誉满旗常。

《野望》是隋炀帝杨广创作的一首触景抒情诗，写的是山野秋景。全诗于萧瑟怡静中流露出孤独抑郁的心情。这首诗以白描手法，用清新自然的语言，创造出颇有诗情画意的境地，因而得以流传后世。

杨广的文风对后世诗人产生了深远的影响，后人的诗词常直接引用或化用他诗词中的意境与词句。下面两首词即与杨广的《野望》意境相似。

满庭芳·山抹微云

〔宋〕秦观

山抹微云，天连衰草，画角声断谯门。暂停征棹，聊共引离尊。多少蓬莱旧事，空回首，烟霭纷纷。斜阳外，寒鸦万点，流水绕孤村。

销魂，当此际，香囊暗解，罗带轻分。谩赢得青楼，薄幸名存。此去何时见也，襟袖上，空惹啼痕。伤情处，高城望断，灯火已黄昏。

词中的"斜阳、寒鸦万点、流水绕孤村、销魂"等就是袭用了杨广《野望》中的诗句。

天净沙·秋思
〔元〕马致远

枯藤老树昏鸦,小桥流水人家,古道西风瘦马。夕阳西下,断肠人在天涯。

这首词的意境与杨广的《野望》较为接近:

天色昏黄,乌鸦落在枯藤缠绕的老树上。小桥下面的流水哗哗,小桥边的人家炊烟袅袅。古道上一匹瘦马,顶着西风前行。夕阳渐渐从西边落下,夜色里,只有孤独的行人漂泊在他乡。

词中的"昏鸦(寒鸦)、流水、夕阳(斜阳)、断肠(销魂)"亦是受杨广诗句的影响,化用而出的。

隋代"白道川"与托克托

《冀州图》云:"云中周六十里,北去阴山八十里,南去通漠长城百里,即白道川也。"

这里的云中指云中故城,即今内蒙古自治区呼和浩特市托克托县古城镇古城村云中故城。

云中故城遗址四墙明显,墙面呈不规则形状,墙体夯筑。西墙、南墙较为完整,南墙长1920米,宽8米,残高4.5米,夯层厚度8~12厘米。城址周围地势平旷,土地肥沃,大黑河流经故城西北折南注入黄河。

白道川即今日之土默川。据《太平寰宇记》卷四十九记载,白道川"南北远处三百里,近处百里,东西五百里,至良沃、沙土而黑,省功多获。每至七月乃熟。"

白道川历来是交通要道,经此处越过阴山,东北可达多伦道,西至五原道,西北至瀚海道,南下过长城可进入中原腹地。

据北魏地理学家郦道元的《水经注》卷三《河水》(江苏古籍出版社,1989年版)记载,白道川北出"有高阪,谓之白道岭。沿路惟土穴出泉，挹之不穷。"

《水经注》记载："又西南，迳白道南谷口，有城在右，萦带长城，背山面泽，谓之白道城。自城北出有高阪，谓之白道岭。"白道岭即今呼和浩特市大青山的蜈蚣坝。

在干旱少雨的漠南地区，丰富的水资源是行军打仗所必需的。所以，白道川在历史上一再成为北方民族与中原王朝激烈争夺的战略要地，隋朝时期更是如此。

唐代诗人白居易在《阴山道》这首诗中写道："阴山道，阴山道，纥逻①敦②肥水泉好"。

公元583年，隋文帝的隋朝军队与沙钵略可汗的突厥兵在以云中城为中心的白道川开战，史称"白道川之战"。

当时，突厥内部矛盾加剧，灾荒严重。突厥可汗沙钵略仍联兵40万，再次统兵犯隋。但此次南下已是强弩之末，号令不行于诸部。

隋文帝杨坚在下达"清边制胜"诏令的同时，命卫王杨爽、河间王杨弘、上柱国豆卢勤与秦州总管窦荣定等并为行军元帅，自幽州至凉州，兵分八路出塞进讨突厥，其主力部队由卫王率领。相关记载见《资治通鉴》卷一百七十五："爽督总管李充等四将出朔州道。"这场战争的主战场在白道川，隋军主力20余万分道出击。

这年四月，从朔州出发的卫王杨爽所率领的隋军与沙钵略亲率的突厥兵在白道川相遇，两军展开了激烈的战斗。沙钵略自恃兵多将广，不以为备。此外，"时虏饥甚，不能得食，

①纥逻：突厥语，青。
②敦：草，草原。

于是粉骨为粮,又多灾疫,死者极众。"(《隋书》卷八十四)

　　此时,卫王杨爽听从李充建议,令李充与李彻领精骑五千,乘突厥军轻敌懈怠之机,发动突袭。突厥军遭遇隋军突击而惨败,沙钵略可汗丢盔弃甲,士兵死亡大半。"沙钵略弃所服金甲,潜草中而遁。"(《隋书》卷五十四)

　　附:

阴山道·疾贪虏也

〔唐〕白居易

阴山道,阴山道,
纥逻敦肥水泉好。
每至戎人送马时,
道旁千里无纤草。
草尽泉枯马病羸,
飞龙但印骨与皮。
五十匹缣易一匹,
缣去马来无了日。
养无所用去非宜,
每岁死伤十六七。
缣丝不足女工苦,
疏织短截充匹数。
藕丝蛛网三丈余,
回鹘诉称无用处。
咸安公主号可敦,
远为可汗频奏论。

元和二年下新敕，
内出金帛酬马直。
仍诏江淮马价缣，
从此不令疏短织。
合罗将军呼万岁，
捧授金银与缣彩。
谁知黠虏启贪心，
明年马多来一倍。
缣渐好，马渐多。
阴山虏，奈尔何。

唐代

郭子仪与托克托

《打金枝》是家喻户晓的戏剧,里面有个人物叫郭子仪。

郭子仪(公元697年至781年7月9日),华州郑县(今陕西省渭南市华州区)人。唐代中兴名将、政治家、军事家,寿州刺史郭敬之的第二个儿子。

《绥远通志稿》卷八十八记载:"十四载,安禄山反。十一月,以子仪为卫尉卿,兼灵武太守,充朔方节度使,诏子仪以本军东讨。"

"安史之乱"是唐玄宗末年至代宗初年(公元755年12月16日至763年2月17日),由唐朝将领安禄山与史思明背叛唐朝后发动的战争,是同唐朝争夺统治权的内战,是唐朝由盛转衰的转折点。这场内战使得唐朝人口大幅减少,国力急剧衰弱。因为发起反唐叛乱的指挥官以安禄山与史思明为主,因此事件叫"安史之乱"。

笔者在《安史之乱与托克托》一文中讲道:"在安史之乱刚开始时,东受降城(今内蒙古自治区托克托县旧城与新城之间的大皇城)的守将就在第一时间以密折上报朝廷,但并未引起重视。如果当时朝廷采取及时有力的措施,可能就不会发生大面积的安史之乱,唐朝也不会迅速由盛及衰。"

据《托克托文史资料》第六辑(334—335页)记载,安禄山率叛军15万人马不仅占领了河北平原,而且迅速占领了阴山以南地区,南下威迫太原。消息传到长安后,唐玄宗立即任命郭子仪为朔方节度使并率本部人马东讨叛军。郭子仪受命后,率大队人马由后套沿黄河北岸向东征讨安禄山叛军。振武城一战,叛军大败,一部分向东,一部分从今托克托县境西渡黄河而后又折南逃窜。郭子仪遂又率军南下静边军(今山西省右玉县)、河曲,击败叛军。郭子仪又乘势回师云中等地区,收复了失地。

下面,笔者补充两点。

1. 关于振武城(军)

《内蒙古通史》记载:"同时,以'三受降城'为主干,环黄河设置了比较完备的防御体系,按唐朝制,在都护府下(自唐睿宗起为节度使),一般设有军、城、守捉、堡等军事机构。当时,唐朝环黄河自下而上的设置的军、城有丰安军(武后万岁通天年间所置)、定远军、西受降城、中受降城、东受降城,再加上唐天宝年间在黄河支流下游设置的振武军(单于大都护府旧治),凡六城(军)。"

单于大都护府旧治即云中故城,云中故城就在黄河支流(大黑河)的下游。

2. 关于单于大都护府

《内蒙古通史》记载:"公元649年,唐朝'以突厥诸部置舍利等五州隶云中都督府,苏农等六州隶定襄都督府'。公元663年,唐朝置云中都护府,统一管理漠南突厥等羁縻府州。云中都护府治金河,即秦汉之云中,今内蒙古呼和浩特市托克托县境。"

《内蒙古通史》记载:"公元664年,改云中都护府为单于大都护府。"由此可知,从公元663年到664年,仅一年的时间,云中都护府就改为单于大都护府了。

单于大都护府成为主管漠南羁縻府州的最高管理机构后,单于大都护府的官秩同五大都督。单于大都护府的都护是殷王(见《唐会要》卷七十三),殷王乃唐高宗李治之子李旦(原名李旭轮),足见单于大都护府级别之高,地位之重。

综上所述,郭子仪率领本军的大队人马在阴山之南的土默川上、黄河岸边打了一系列大胜仗。

突厥毗伽可汗与托克托

在内蒙古自治区托克托县博物馆的展厅里陈列着一幅《毗伽可汗碑》的照片,它为什么被陈列在此呢?我推测毗伽可汗可能与托克托这个地方有一定关联。

一般情况下,突厥牙帐门前竖立狼头大旗,碑座上刻有母狼育儿图。所以,《毗伽可汗碑》的碑座上应该也有一幅母狼育儿图,遗憾的是,从照片中无法看到碑座的细节。毗伽可汗,全名阿史那默矩(或译为阿史那默棘连)。是后突厥开国君主阿史那骨咄禄之子,后突厥最强可汗默啜之侄。在默啜死后,阙特勤杀死默啜之子匐俱,拥立毗伽为汗。

《通典》卷一百九十八《边防》十四记载:"毗伽可汗以开元四

年即位,本蕃号为小杀。性仁友,自以得国是阙特勤之功,固让之。阙特勤不受,遂以为左贤王,专掌兵马。"

突厥人自幼就习惯于武力争斗的生活,骑射习武也是自幼开始,到十六七岁或更小一些时候就已经是剽悍勇猛的战士了。毗伽可汗自己讲:"我十四时……我同我叔可汗一起,前面(东面)一直征战到黄河"(《阙特勤碑》)。毗伽可汗就是自幼骑射习武,直到年老才离开战马。

在这里,看到"黄河"两个字,我联想到了东受降城。唐代的这座东受降城就建在今天内蒙古自治区托克托县,濒临黄河。唐朝为防御突厥而建。

受降城:唐时亦称河外三城,唐初名将张仁愿为了防御突厥,在黄河以北筑受降城,分东、中、西三城,都在今内蒙古自治区境内。

关于东受降城,需要说明两点:1.东受降城是内蒙古自治区托克托县这块土地上载入史册的唐朝历时最久的军事建置和城池,从建成到唐亡,历时近200年。2.唐朝在西起灵武、东到东受降城,沿黄河设六城水运使,专管黄河水运。东受降城作为黄河六城水运的起点和终点,其地理位置十分重要。

突厥时期,商业活动主要是以互市的形式进行,多是中原的农产品、手工业品与游牧社会的畜牧业产品的物物交换。这种互市,往往视二者的关系状况时置时废。在内蒙古地区互市一般置于黄河或长城一线。

《旧唐书》卷一百九十四记载:"十五年,小杀使其大臣梅录啜来朝,献名马三十匹。时吐蕃与小杀书,将计议同时入寇,小杀并献其书。"

是年,毗伽可汗遣大臣梅录啜赴唐通告吐蕃欲联兵突厥进攻中原,获允在受降城开市互易。"上嘉其诚,引梅录啜宴于紫宸殿,厚加赏赉。"(《旧唐书》卷一百九十四上)

《内蒙古通史》第一卷第434页记载:"由是,突厥与唐朝双方关系得到全面发展,主要包括:(一)开互市。互市的地点在内蒙古地区的东、西受降城,主要是马绢贸易,唐玄宗在给毗伽可汗的谕书中说:'国家与突厥和亲,华、夷安逸,甲兵休息;国家买突厥羊马,突厥受国家缯帛,彼此丰给。'(《资治通鉴》卷二百一十二)"

在毗伽可汗和唐玄宗的共同努力下,突厥与唐朝的关系得到全面发展。东受降城下的马绢贸易也逐步繁盛起来,百姓得以安生。

唐朝与突厥全面发展的另一项内容是:"(二)许请婚。开元十二年(公元724年)毗伽可汗特地派可解栗必与他满达干持函至唐请婚。毗伽可汗在给唐玄宗的信中讲:'自遣使入朝以来,甚好和同,一无虚诳。蕃汉百姓,皆得一处养畜资生,种田未作。今许降公主,皇帝即是阿助,卑下是儿。一种受恩,更有何恶?谨使可解栗必谢婚,他满达干请朝。献马四十匹,允押呕(函?)。(《册府元龟·外臣部》)"

可惜,这一年毗伽可汗中毒身亡,和亲未成。阙特勤与毗伽可汗先后去世。唐朝派出庞大的吊唁团,遣专使携玺书到突厥牙帐参加葬礼,并派出画师、石匠为阙特勤和毗伽可汗营建祠庙,镌刻碑铭。其中毗伽可汗碑刻的汉文为唐玄宗御撰。同时,唐朝下令辍朝三日,在唐都为他举哀。

张敬询与托克托

《旧五代史》卷六十一《唐书·张敬询传》："张敬询,胜州金河县人,世为振武军牙校。祖仲阮,历胜州刺史。父汉环,事武皇为牙将。"此处讲到的武皇不是武则天,而是李克用,张敬询的亲家公。

据《呼和浩特文史资料》第十八辑第19页记载,隋代榆林属胜州,统三县:榆林、富昌、金河,在今内蒙古自治区托克托县及准格尔旗界。

隋代的金河县在今托克托县的地面上前后两次设置了18年,唐代设置了82年,共计100年。

《隋书》卷七十四《赵仲卿传》记载:"隋文帝开皇十七年(公元597年),朝廷虑达头掩袭启民,令仲卿屯兵二万以备之……明年,督役筑金河、定襄二城,以居启民"。

《托克托县志》(1984年6月版)第426页记载:"隋金河县旧址当在今托克托县哈拉板申东梁之汉云中郡沙陵故城处(云中郡沙陵县)"。

金河：古水名，即今内蒙古呼和浩特南，托克托北的大黑河，下游汇为金河泊，向南流经托克托古镇河口汇入黄河，金河县因河得名。金河历史悠久，《汉书·地理志·定襄郡》称金河为"荒干水"："荒干水出塞外，西至沙陵入河。"郦道元在《水经注·河水》中，称金河为"芒干水"。

据《元和郡县图志》卷四记载，榆林县（今内蒙古自治区准格尔旗十二连城）东北二十里有"金河泊"，在今大黑河下游入黄河处，当因金河所汇得名，即古沙陵湖（沙陵县因湖得名）。

李克用，生于公元856年，沙陀人。字翼圣，本姓朱邪，因其父被唐朝皇帝赐姓李氏，遂姓李。神武川新城人（今山西雁门北部），唐末将领。

李克用在唐末为云中捉守使，公元878年，云州兵变中杀云州防御使段高楚，遂自请为留后。

《呼和浩特文史资料》第十八辑第41页记载："今呼和浩特地区系李克用父子坐大之地。"

公元908年，李克用病死，葬于今山西代县。李克用的大儿子李存勖建立后唐，追谥为武皇帝，庙号太祖。

张敬询在武皇时，专掌甲坊①。十五年，以称职闻。复以女为武皇子存霸妻，益见亲信。

存霸即李存霸，李克用的第三子，公元925年，封永王，是张敬询的女婿。李存霸历昭义、天平、河中三军节度使，居京师，食其俸禄而已。赵在礼作乱，乃遣存霸于河中。

后唐庄宗即位，张敬询为沁州刺史，秩满，复用为甲坊

---

①甲坊，指古时制造铠甲的作坊；甲坊署。

使。庄宗就是李存勖。

后唐庄宗李存勖（公元885年12月2日至926年5月15日），李克用长子，五代时后唐建立者。后唐同光元年至天成元年（公元923—926年）在位。

李存勖晓音律，习《春秋》，善骑射。乾宁二年（公元895年），随父讨邠州王行瑜，为唐昭宗所赏识，遥领检校司空、隰州刺史，后改汾、晋二州刺史。天祐五年（公元908年），李克用卒，李存勖袭河东节度使及晋王位。

天成元年（公元926年），李存勖为部下所杀，时年41岁，谥号光圣神闵孝皇帝，庙号庄宗。

后唐庄宗经略山东时，张敬询从军，历博、泽、慈、隰四州刺史。同光三年（公元925年）庄宗以长子李继岌为都统，郭崇韬为招讨使，率军6万讨伐前蜀；以张敬询善督租赋，为利州留后，在利州后方收田赋以支援战场。同光末年（公元926年），授张敬询为耀州团练使。

后唐明宗李嗣源即位，授张敬询为昭武军节度使。天成二年（公元927年），诏还京师，复授大同节度使，至镇，招抚室韦万余帐。天成四年（公元929年），征为左骁卫上将军。

天成五年（公元930年），授张敬询为滑州节度使。因河水连年溢堤，又命张敬询治理水害。他从酸枣县起至濮州修筑高5米，东西长100千米的堤坝，消除水害，民甚赖之，广为传颂。

三年后，张敬询事业有成回京。卒，辍视朝一日。

辽代

丰州白塔与云内州、东胜州

辽金时代是我国砖石塔高度发展的时期,其中呼和浩特市的万部华严经塔是辽塔中的珍品,当地人称之为"丰州白塔"。白塔位于市东郊的白塔村境内,在辽代丰州故城的西北角,是城内寺庙的建筑之一。

一般情况下,古塔的外表往往涂上一层白垩土,在阳光的照射下既醒目,又庄严,故许多古塔都叫"白塔"。万部华严经塔从何时起叫作"白塔",尚不清楚,但从塔内的题记608条得知,元大德年间已叫作"白塔"了。

丰州白塔在建筑造型上,与河北涿县智度寺塔相近;在建筑风格上,与山西大同上华严寺大殿相近。

塔内还保存有金代石碑六通,并有许多辽、金、元、明、清各朝代的各种文字题记,其中有汉字、契丹文、女真文、八思巴文、维吾尔体的蒙古文和藏文等。这些石碑和各种文字题记,是研究呼和浩特历史与文化的重要资料。

李逸友先生在《呼和浩特万部华严经塔的金元明各代题

记》一文中写道："这些题记,不仅对我们研究该塔的结构和修建年代、了解古代各民族人民共同创造呼和浩特地区的历史文明有着一定价值,而且在研究古代北方民族关系史上,也有一定的作用。"

从地理位置上讲,辽、金、元三代的丰州城、云内州城和东胜州城都是建在大黑河中下游的城市,而且三座州城都临近大黑河。州城附近地势平坦,农牧业比较发达,人口比较密集,各城市间的人们交往也比较频繁。

下面我们从寺庙、塔、碑文、题记等方面谈谈三座州城之间的相似之处及相互联系。

一、云内州城(今内蒙古自治区托克托县古城镇白塔村故城)也建有寺庙,并有白塔,距丰州城约60千米

具体情况是:云内州城东南方向约50米的地方建有一座古寺,古寺内有座白塔,因为它与呼和浩特东白塔遥遥相对,故被人们称为"西白塔"。白塔高30多米,周长近20米,在白塔下面建有一座石香亭,石香亭内有一柱,柱子的上面刻着:"大金云内州录事司郭公讳说字本□,正隆五年明昌进士王天佑撰,同学翼守正书。"此铭文是《绥远志略》的表述内容。录事司是正八品机构,掌管府镇城市民事,设录事、判官、司吏、公使等官吏职务。

云内州人在丰州白塔内的题记有第216条、217条、308条、316条。其中,316条:"云内州第二□(字迹漫漶,字数不明)"

笔者在《寺庙与托克托》一文写道:

"白塔《题记》216条:"云内天宫院僧德教为记□(该字不

清)"。其中德教是僧人法号,天宫院是云内州的寺庙。《题记》217条:"云内天宫院僧德明□"。德明系该僧法号,他也是天宫院的和尚。《题记》308条:"云内州城荐福寺,僧德裡三月到此。"德裡是法号,荐福寺也是云内州的寺院。

由以上三条《题记》可知,云内州至少有天宫院和荐福寺两座寺庙,这两座寺庙的三名和尚德教、德明和德裡是师兄弟,因为第一字都是"德",天宫院和荐福寺也必然有密切的关系。"

另据考证:金元时云内州内还有白云寺,因为学者曾见过写有"白云寺"三字的建筑构件。

这里需要说明一点:《绥远志略》关于"西白塔"内容中所记载的"正隆五年明昌进士"一语有误。理由如下:金朝"正隆五年"是公元1160年,为金海陵王完颜亮的年号,比金章宗完颜璟的明昌年号早30年(中间有金世宗完颜雍的大定年号29年,即1161—1189年),所以"明昌进士"有误,应为"明经进士"。金代的考试内容有明经、进士二科。明经考试的主要内容是帖经、墨义;进士考试的主要内容是诗赋。当时流传有"三十老明经,五十少进士"的说法。这里,王天佑既考了明经,又考了进士,并且都取得了优异成绩。

二、东胜州城(今内蒙古自治区托克托县大皇城)距丰州城约100千米

耶律楚材到过东胜州,并赋诗一首。诗中写道:"荒城潇洒枕长河,古字碑文半灭磨。"

"古寺碑文半灭磨"一句说明:金代的东胜州城有寺庙和碑文存在。

东胜州人在丰州白塔内的题记有第225条、401条。

225条:"至正十一年六月初九日东胜州莫□□到此耳。"

401条:"至正拾壹年陆月初九日东胜州吴凉□刘提领张国让张俊贤杨仲广到记耳(与此条内容完全相同的题记,并见于第二、三、四各层,现仅录此条)"

东胜州刺史乌古论仲温与托克托

据《托克托县志》(1984年6月版)记载,乌古论仲温,金代盖州按春猛安人,金世宗大定中,任东胜州(今内蒙古自治区托克托县)刺史。

《金史》卷一百二十一《忠义传》记载:"乌古论仲温……大定二十五年进士……改提举肇州漕运、兼同知武兴军节度使事、东胜州刺史。"

那么,东胜州刺史是个多大的官呢?按照金朝的官衔品级,应是正五品。

笔者查阅了大量的史籍资料,也没有发现明确记载乌古论仲温任东胜州刺史的具体时间。但是,根据金世宗的在位时间、乌古论仲温考中进士后及当东胜州刺史之前任职官衔的内容推断:乌古论仲温任东胜州刺史的时间当在金章宗一朝,而不是《托克托县志》中记载的金世宗大定年间。

原因分析如下:

一、金世宗在位时间是公元1161年10月27日至1189年1

月20日,计29年。

二、乌古论仲温考中进士是金世宗大定二十五年,即公元1185年,离金世宗最后在位时间的1189年仅剩3年多。

三、金章宗在位时间是公元1189—1208年。

四、乌古论仲温考中进士后历任官职如下:

1. 累官太学助教,从八品;

2. 应奉翰林文字,从七品;

3. 河东路提刑判官,正四品;

4. 河北东路转运副使,正五品;

5. 同知顺天军节度使事,正六品;

6. 上京、东京等路按察司事,正三品。

实际上,乌古论仲温在任同知顺天军节度使事,正六品官职时已进入金章宗时代。

金朝立国120年,历经10位帝王,而乌古论仲温的乌古论氏家族自建国伊始便与金朝命运紧密相连,成为金代重要的异姓贵族。

女真进士制度的实行为乌古论氏成员通过科举考试步入仕途提供了发展机遇,先后共有5位乌古论氏成员考中进士,后被委以重任,乌古论仲温便是其中之一。

公元1211年,即金大安三年,蒙古军队对金正式发起军事进攻,金蒙战争拉开序幕。

蒙古军队倾力猛攻金中都的军事行动,迫使金宣宗南迁。公元1214年,即金贞祐二年,金宣宗决定迁都南京开封府(今河南省开封市)。

《金史》卷一百二十一《忠义传》关于乌古论仲温的记载:

"贞祐初,迁镇西军节度使。是时,中都被围,遂至太原,移书安抚使贾益谦,约以乡兵救中都。因驰驿如平阳,将与益谦会于绛,不能进,抵平阳而还。仲温尝治平阳,吏民争留之,仲温曰:'平阳巨镇,易为守御,于私计得矣,如岚州何。'遂还镇。已而大元兵大至,城破,不屈而死。赠资德大夫、婆速路兵马都总管,谥忠毅,岁时致祭。"

这段文字释译如下:贞祐初年,乌古论仲温升任镇西军节度使。当时中都被围,仲温就到了太原,发文给安抚使贾益谦,商定动员乡兵解救中都,仲温乘驿马火速赶到平阳,计划在绛与贾益谦汇合。结果无法前进,到平阳后就回去了。仲温曾主政平阳,平阳官民争相挽留他。仲温说:"平阳是大镇,易于守卫,留下来从我个人来说是有益的,可岚州怎么办呢?"于是回到原驻地。不久,大元军队大举进攻,城破,仲温拒不投降而死。追封资德大夫、婆速路兵马都总管,谥忠毅,官府按规定按时设祭。

从"仲温曾主政平阳,平阳官民争相挽留他"推断:乌古论仲温在治理平阳期间尽职尽责,百姓安居乐业,东胜州亦如是。

《托克托文物志》记载:"金代的东胜州城,因战略位置重要,故不断加强防务,不仅增加了兵力,同时也增加了人口,原来的州城已不能满足需要,便在城东又加筑一座子城,但规模不如东胜州城大。当地人为了在称谓上加以区别,把东胜州城称为'大荒城',子城称为'小荒城'。而今当地人则把子城称为'小皇城',亦属以讹传讹所成。"

而《内蒙古通史》(内蒙古大学出版社)第二卷第109页写

道:"东胜州,辽代东胜州武兴军,刺史。金初因袭辽制,此处有古东胜城。"

笔者在此大胆推断:东胜州刺史乌古论仲温在兼"同知武兴军节度使事"时的"武兴军"就曾驻扎于"小荒城"。

元代

耶律楚材与托克托(再续)

蒙古太祖六年(公元1211年)冬十月,即派皇子窝阔台等把金国的云内州(州治今内蒙古自治区托克托县古城镇白塔村)、东胜州(今内蒙古自治区托克托县)、武州(山西省左云县)、朔州等地次第占领。包围了西京(今山西省大同市)和丰州,蒙古太祖八年七月,金朝放弃西京与丰州。同时,成吉思汗在丰州支郡净州天山县(今内蒙古自治区四子王旗境内)吸收了汉化的契丹知识分子耶律楚材。

此后,耶律楚材跟随窝阔台多次到过东胜州、云内州、丰州。对古云中郡一带的山川地貌、风土人情非常熟悉。

耶律楚材过东胜州时写下了《过东胜用先君文献公韵上》,过云内州时写下了《除戎堂(二首)》。

耶律楚材在《除戎堂》的序文中这样写道:

王师西征,贤帅贾公留后,于云内筑除戎堂于城之西阿,以练戎事,御侮折冲,高出前古。予道过青冢,公召予宴于是堂。鸿笔大手,题诗撒墨,错落于楹栋间,皆赞扬公之圣德。

予因作二诗以陈其梗概云。

序文的意思是：官军西征，德高望重的老帅贾司令断后，在云内州城修建除戎堂于城西高地，用以演武练兵。抵御外寇，消除冲突，谋略远超古人。我路过青冢（今呼和浩特昭君墓），贾公就在除戎堂设宴召请我。见楹柱门廊之上，有文豪大师，挥毫题诗，都是称颂贾公的高尚品德。于是我也写了两首小诗讲述其中的梗概。

耶律楚材的一首《扈从羽猎》诗，让人们想象到：700多年前，云内州一带水草丰美，一波又一波丰茂的牧草，豺、熊、兔、獐、狐狸等出没无穷，自然景象非常优美。而这一现象的出现，说明在窝阔台时期，云内州的生态环境有了很大改善。

在这期间，耶律楚材还写下了《云中重修宣圣庙》：

　　　　槐宫悉混玉石焚，庙貌依然惟古云。
　　　　须仗吾侪更修葺，休教风世丧斯文。

诗文的意思是说：用作教育场所的宫殿已经破败，一切都损毁焚烧了，不过庙宇的整体样貌还和古云中时的一样。这就要依靠我们这辈人好好修葺完善，绝不能让社会的风气丧失斯文。

这里，我们重点讲两个词。

1.槐宫

西汉元始四年（公元4年），在太学旁形成了包括买卖书籍在内的综合性贸易集市——槐市。槐市位于长安城东南，因其地多槐树而得名。集市每半月一次，文士在此交流学术思想，互通有无。

后来，槐市借指学宫，学舍。据《三辅黄图》载："仓之北，为槐市,列槐树数百行为队,无墙屋,诸生朔望会此市,各持其郡所出货物及经书传记、笙磬乐器相与买卖。"

唐代武元衡《酬谈校书长安秋夜对月寄诸故旧》诗:"蓬山高价传新韵,槐市芳年挹盛名。"宋代苏轼《次韵徐积》:"但见中年隐槐市,岂知平日赋兰台。"

2.古云

古云指云中故城,云中郡治所在地,今内蒙古自治区托克托县古城镇古城村。汉代云中郡的地望包括了辽、金、元的东胜州、云内州、丰州。

这首诗作于蒙古灭金后,当时北方经过了长期战乱,社会动荡。作为蒙古统治者高级谋士的耶律楚材时刻考虑着用儒家思想来帮助蒙古统一稳定全国。

诗中讲到需要我们这辈人花费人力、物力、财力重建,一个"更"衬托出作者急切且坚定的复兴儒家的心理。

他重视修葺孔庙,起用儒生,以此弘扬儒家的伦理道德,纠正乱世之中败坏的风气。

耶律楚材以拯救斯文为己任,"须仗吾侪更修葺,休教风世丧斯文。"具有远见卓识的耶律楚材清醒地认识到,建立统治必须依靠儒教,恢复以儒为主的中原文明是刻不容缓的事情。

在《湛然居士文集》中,除《云中重修宣圣庙》保留了耶律楚材以古诗形式给朝廷的上疏外,还有《邠州重修宣圣庙疏》:"宣尼万古帝王师,可叹荆榛没古祠。重整庠宫阐文教,颙观日月再明时。"以及《重修宣圣庙疏》:"精蓝道观已重新,独有庠宫尚堍垣。试问中州士君子,谁人不出仲尼门。"

综合耶律楚材一生的事迹,观照其诗歌内容,可以肯定的是,儒家思想对他的影响最大。

耶律楚材深受汉文化的熏陶,尤其是受儒家思想的影响,他宣扬"以儒治国,以佛治心"的思想。这也是他一生遵循的一项基本准则。后人对此评价道:"观居士之所为,迹释而心儒,名释而实儒,言释而行儒,术释而治儒。"可谓十分精辟。意思是说,观察耶律楚材的作为,是带有佛学的痕迹而心中怀着儒学,名义上是佛学而实际上是儒学,说的是佛学而做的是儒学,以佛学为术而治国用儒学。

耶律楚材对蒙古统治者经常进献周公、孔子的学说,一再强调"天下虽是马上得来的,但是不能在马上治理"的道理。

所以王国维在《耶律文正公年谱余记》中评论耶律楚材:"虽洞达佛理,而其性格实与儒家近。其毅然以天下生民为己任,古之士大夫学佛者,从未见有此种气象。"

关于耶律楚材"以天下生民为己任"的作为,笔者曾在《元好问、耶律楚材与托克托》一文中论述过。

今天,在内蒙古博物院还有一座加封孔子为"大成至圣文宣王"石碑,是公元1307年立于丰州支郡净州平地县或天山县的文庙内。据说是由四子王旗的大滩,于清代移到呼和浩特新城区的满族启秀学院里边。

耶律楚材、孟攀鳞与托克托

耶律楚材不仅多次到过今内蒙古自治区托克托县境,而且还与一位托克托县籍的重要人物有着深厚的交往,这个人叫孟攀鳞。耶律楚材和孟攀鳞是同一时期的人物,都经历了从金代到元代的过程。

笔者在《翰林学士孟攀鳞与托克托》一文中写道:

"孟攀鳞,字驾之,金、元时代的云内州人。他出身于书香门第的人家,祖父孟鹤、父亲孟泽民都是金代的进士。"(据《元史·列传·卷五十一》记载:"孟攀鳞,字驾之,云内人。")

有一天,忽必烈向孟攀鳞询问:"王百一[①]、许仲平[②]都是大学问家,两人优缺点如何?"孟攀鳞直言不讳地说:"王百一是文华之人,文章写得好,可以到翰林院工作;许仲平明经传道,博学多才,可以让他带教学生。"忽必烈认为他说得很公允,真

---

① 王百一,自号慎独老人,名鹗,世居大名之东明。仕金至翰林学士应奉。至元代,定宗闻其贤,而召之至,乃授资德大夫,翰林学士。
② 许仲平,名衡,宋代末年人,曾在元廷做官,官至中书左丞,曾为元廷定"朝仪",《元史》有传。

正做到了人尽其才。

孟攀鳞,这位托克托的故人,是一位真正博学多才的实在人。

耶律楚材(公元1190—1244),字晋卿,号玉泉老人,法号湛然居士。有"治天下匠"之誉。

耶律楚材与孟攀鳞过从甚密,间有诗文唱和。他所作《和孟驾之韵》写出了孟攀鳞一生的概况,并且对孟攀鳞的评价极高。

在《和孟驾之韵》这首诗中,耶律楚材称赞孟攀鳞是"文章高出苏黄辈,英雄不效秦仪志。"

大致意思是"属文作赋能力超过苏轼、黄庭坚,政治才能也不逊于苏秦、张仪。"

和孟驾之韵

平阳闻有邹人孙,封书上我仅万言。
讨论坟典造极致,商榷古今穷深源。
文章高出苏黄辈,英雄不效秦仪志。
志图仁义济元元,异比无双瑚琏器。
沦落尘埃德不孤,梅轩结友天一隅。
我惜盐车困骐骥,腾骧未得踏亨涂。
瓮牖绳枢甘俭薄,饥肠雷转充糟粕。
他日佳声闻九天,富贵之来不得却。
丁年黄卷乐平生,乡闾一诺千金轻。
沧浪清处闲濯缨,才名高价如连城。
笔下有神诗有眼,五车书史穷编简。

一举高登甲乙科,曾对闾阎持手版。
天兵一鼓下睢阳,旌旗整整阵堂堂。
玉石俱焚君子隐,北渡来依日月光。
徒步黄尘千里远,犹抱遗经究微婉。
天产昂藏一丈夫,三十未遇非为晚。
闻望卓冠儒林丛,灿然星宿罗心胸。
驰骤大方孰并驾,绝尘奔逸其犹龙。
君似昆吾玉可切,锟铻不是寻常铁。
利颖神锋人未知,宝匣空闲三尺雪。
何时搜出蛰龙鞭,一声霹雳轰青天。
岁旱须君作霖雨,拔茅进用其茹连。
天子明堂求国栋,鹏飞全藉天风送。
凤池波暖百花新,咏游不作江湖梦。

此后,孟攀鳞还专门为耶律楚材的《湛然居士文集》作了序,列序三。孟攀鳞在序文中极力称赞耶律楚材的诗文。

在孟攀鳞所作序文的第二段中,重点叙述了耶律楚材的主要业绩,前边说治国安邦之功,后面讲文章之妙。下面是孟攀鳞为耶律楚材作的序文:

序三(序三此二字原缺,渐西本作"领中书省湛然居士文集序一"。案此序原本排在第三,故改为"序三"。)

乾坤之运,(运渐西本作"气"。)否之则塞,泰之则通;日月之光,蒙之则晦,廓之则明;圣人之道,郁之则滞,推之则行。化而裁之谓之教,神而明之存乎人。天之未丧斯文,阴有所主宰,亦有所托付,数不终隐,待其人而益弘。况乎启端发源于新造之初,枝倾挂邪于积乱之后,以任当世之重,以行众人之难,必有命世大贤,超人异行,举历代非常之事,卒前哲未成之志,与时标准,卓然为吾道之倡。夫道之不明久矣,去古而今,□情其性。(□情其性"情"上原空一字,渐西本于此句下小字夹注云:案"今"下疑有"罔"字。)典谟远而淳风衰,雅颂息而淫词作。以大学、中庸为虚位,以致知格物为迂论。圣门闭而不开,正路梗而莫辟。加之兵革以来,百余年间,宇宙之内昏昏默默,如夜之未昼,梦之未寤,醉之未醒,病之未药,伏阴未觏于太阳,寒谷未熙于春律,黎苗之渴望未苏,黔首之倒悬未解。夫欲跻涂炭而域仁寿,涤瑕秽而镜澄清,疗国脉之膏肓,(肓原作"盲",据渐西本改。)补(补原作"细",据渐西本改。)天维之罅漏,草创万有,权舆百度,兴礼乐于板荡之际,拯诗书于煨烬之余,黼黻皇猷,经纬政体,变干戈而俎豆,易荒服而衣(衣原作"不",据渐西本改。)冠,斲雕反(反原作"及",据渐西本改。)朴,铸顽成仁,扇美化以风六合,沛膏泽以雨羣生,教续将绝之时,功画无形之世,非天下之至神,其孰能与于此哉!

惟我中书湛然居士天姿英挺,上智诚明,蓍龟其识,钧鼎其器,筜四方之具瞻,遇千载之嘉会,作朝廷之翰,维社稷之桢,牢笼区夏,宰制山川,提封不牧之邦,郡县不毛之地。正玑衡而泰阶平,明历数而灵符定。开元建极,尽弥纶之术;骤帝驰王,入酬酢之计。以唐虞吾君为远图,以成康吾民为己任。涵养乎(乎原作"于",据渐西本改。)事业,形容于文章,得之心不受一尘,应之手自能三昧。游戏妙场,掀揭理窟,运天地之橐钥,夺造化之机缄。论性则穷其深源,谈道则索其隐旨。

以圣经为根本,故其文体用而精微;以史氏为枝叶,故其文气焰而宏丽。盘诰训誓其格言,咏歌比兴其奥义。虽出师征伐之间,犹锐意经济之学。观其投戈讲艺,横槊赋诗,词锋挫(挫渐西本作"摧"。)万物,笔下无点俗,挥洒如龙蛇之肆,波澜若(若原作"如",据渐西本改。)江海之放,其力雄豪足以排山岳,其辉绚烂足以灿星斗。斡旋之势,雷动欻举;温纯之音,金声玉振。片言只字,冥合玄机,奇变异态,靡有定迹。夐乎出于见闻之外,铿鎗(铿鎗渐西本作"鎗铿"。)炳耀,荡人之耳目,所谓造物有私,默传真宰,胸中别是一天耳。盖生知所禀,非学而能。如庖丁(丁原作"下",据渐西本改。)之解牛,游刃而余地;公输之制木,运斤而成风。是皆造其真境,至于自然而然。公之于文,亦得此不传之妙。若夫湛然之称,不可以形寻,不可以言诘。其处之也厚,其资之也深,静于内为善渊,演于外为道派。即其性而见其文,与元气俱粹然一出于刚正。观夫所称,其人可知矣。然则作之者创于始,亦在乎述之者成其终。

适有中省都事宗仲亨,最为门下之旧,收录公之余稿,纤悉无遗。今又增补杂文,诚好事之君子,举其全帙,付之于门下士高冲霄、李邦瑞协力前修,作新此本,以示学者,可谓兼善之用心。省丞相胡公喜君之文,揄扬溢美,勒成为书。中或有悮者,更加厘正,命工刊行于世,益广其传,真得仁人之雅意。省察王子卿、李君实、许进之、王君玉、薛正之皆欣然向应,共赞成之。二公承宗公之志,毕其能事,同诸君累求为序。仆以兵尘中来,旧学荒废,不敢应命。盖公之心术至赜,不能尽探之于文;公之文章高致,不能具陈之于序。虽其文皆公之寓言,筌蹄而忘象,是亦勋业之余蕴。公如不言,则人将何述焉。

尝谓云汉为章天之文,言词可法人之文。故观乎天文,以察时变,观乎人文,以化成天下,文之为用大矣哉!今公之为言,非徒示虚文而已,实救(救渐西本作"斯"。)世行道之具。所以柱石名教,纲纪(纪渐西本作"维"。)彝伦,鼓舞士风,甄陶人物,岂惟立当(当渐西本作"崇"。)代之典章,端可为将来之轨范。

于戏!大禹不治水,吾民忧其鱼;孔子不作经,王道几乎熄。夫以文德开通济物,密藏诸用,扶持圣道之久斁,幽而复显,见天意之所属,为时求定,而能树治本,遏乱源,活生灵,福奕世,其功德无惭于先圣,斯文之不坠,皆公之力焉!是言也,非独予之所言,乃天下之公言也!

岁次癸巳十有二月初吉,襄山孟攀鳞序。

牛站与托克托

内蒙古自治区托克托县在元代是重要的水陆交通要塞,时称"牛站",是木怜、纳怜两道的连接点。牛站在我国历史上,无论是在政治与经济方面,还是在军事与民用方面都起过重要作用。

据《元史·地理志》载:"北方立站帖里干、木怜、纳怜等一百一十九处。"

托克托县当时叫"东胜州",在东胜可接纳怜道,溯黄河而西,穿过甘肃行省达西北边境。当时,延安路所出的粮食,用船只经由黄河运至东胜州,"权且收贮",再"僦运入京"。经行路线:陕西行省延安路——东胜(托克托县大荒城)——丰州(呼和浩特市东郊白塔村古城)。

延安路,元代以鄜延路改置。治所在肤施县,故址即今陕西省延安市。领肤施、甘泉、安塞、保定、安定、延川、延长、宜川8县及鄜、葭、绥德3州(州领8县)。

辖境约当今陕西省宜君、黄龙等县以北,宜川、吴堡、府谷等县以西,葫芦河下游和白于山以东,及内蒙古自治区鄂托克旗、伊金霍洛旗和乌审旗等地。

元代沟通南北的木怜道,是在前代交通路线基础上设置的。西汉时期,是大青山南部云中(郡治今托克托县古城镇古城村)、定襄两郡至阴山之北的必经之路。

元代,耶律楚材经东胜州城过沙井(今内蒙古自治区四子王旗西北红格尔苏木西南古城)时,曾赋诗《丁亥过沙井和移剌子春韵》(二首),诗中自注云:"予昨至沙井,乘牛车过前路,跨驼方达行在,偶得隔句一联云:牛车驰传,颇异相如驷马车;驼背咏诗,不似竹林七贤画。"(《湛然居士文集》)

此诗说明:丁亥年,蒙古太祖二十二年(公元1227年),在窝阔台正式设置木怜道以前,这里已是南北交通的必经之路了。

通往大青山北草原上的木怜道,有许多支路与其通连,汪古部首领"爱不花所治州城,设立二十三站,合用牛三百只、车二百辆,牛价就彼支钞,及命西京准备车辆,奉圣旨准"(《永乐大典》卷19417)。

另,据韩儒林先生在《元朝史》(人民出版社,1986年,第356页)推断:"汪古部居地内的另一个聂思脱里教派信徒的据点,似乎是东胜。西行朝圣的聂思脱里二教士之一麻古思,就是东胜地区的聂思脱里大辅教拜泥的儿子。麻古思后来被选为巴格达聂思脱里教总主教。阔里吉思的伯父君不花和父亲爱不花就驻扎在东胜附近,他们曾企图把两个西行的教士留在领地内。"

文中的东胜即指东胜州城,今内蒙古自治区托克托县。

木怜道是元代"腹里"联系北疆的大动脉,它既是分遣龙节虎符、通报边境军情的必经之路,又是诏使往返、官吏迁调、军队调动、粮秣运送的必经之地。

元代,耶律楚材跟随窝阔台多次到过东胜州、云内州(州治今内蒙古自治区托克托县古城镇白塔村)、丰州,对古云中郡一带的山川地貌、风土人情非常熟悉。

耶律楚材过东胜州时写下了《过东胜用先君文献公韵》[1]、《无题·扈从旋师道过东胜秦帅席上继杜受之韵》[2]等诗篇。

过云内州时写下了《扈从羽猎》《除戎堂(二首)》《谢飞卿饭》等诗篇。

当时,由东胜至大同所经驿站有东胜、段家村、下水木大祖、丰州、三庄、八撒、徒道子、上泉、白登县,经大同至大都。

总之,牛站是木怜道与纳怜道的交通枢纽。

---

[1] 路过东胜州时,我用我家先辈文献公的诗韵进诗一首。
[2] 跟随成吉思汗得胜之师凯旋路过东胜州,在驻军司令秦帅的酒宴上步杜受之韵作诗。

清代

黄河畔的酸米饭与托克托

据说,清朝光绪初年,托克托厅河口镇来了一位钦差大臣叫伊达勒嘎,他是来察看黄河水情的。当他站在黄河岸畔极目远眺时,只看见万里黄河由西滚滚而来,在这里转了一个弯,又缓缓向东南而去,不禁感慨万千。

傍晚时分,伊大人领略了黄河岸边土默川的暮色,慷慨吟诵道:"大漠孤烟直,长河落日圆"(王维《使至塞上》)。他想,谁说塞外无胜景?这里气温虽低,却另有一番天地。

这一天,他缓缓走在河口镇的大街上,忽然闻到一股特别的米饭香味,馋得直流口水。于是赶忙派"戈什哈"①前去寻找这香味的源头。最后在头道街龙王庙附近找到了米香味,原来是巷子深处一户人家正在煮糜米做的酸米饭。

酸米饭流行于内蒙古、山西及陕西的黄河沿岸地区。主要在磴口县、临河区、杭锦后旗、达拉特旗、土默特右旗、土默

---

①满语:护卫,随从副官。

特左旗、托克托县、准格尔旗、清水河县、偏关县、河曲县、保德县、兴县、临县等地流行。

酸米饭以当地所产的糜米为原料,在浆米罐里用酸浆发酵后,倒入锅中熬煮,米烂即熟。酸米饭根据清稠程度不同,可分为酸稀粥、酸粥、酸焖饭(酸捞饭)三种。

这种糜米黄澄澄的,颗粒大,质地细。煮出的酸米饭色泽黄白晶莹,味道清香诱人,吃起来又软又精,甜中带酸,酸中带甜,精而不硬,烂而不绵。要是在酸米饭中加入山药蛋、南瓜,那更是别有风味。在托克托县几乎是家家户户有酸罐,一年四季不间断。

炎热的夏季,劳动归来,舀上一碗带蛋(山药蛋)酸稀粥,就着烂腌菜吃起来,那种舒爽真是难以形容。如果中午吃的是酸焖饭,等到歇起晌,再来上两大碗酸米汤,比喝果汁、可乐还要惬意。

当地的年轻人唱山曲也离不开这酸米饭:

"焖饭酸来白糖甜,多叫哥哥看几眼。"

"莜面窝窝山药蛋,巧手手做下个酸焖饭。"

酸米饭很养人,既耐饥又耐渴。经常吃酸米饭,除了健胃消食,生津止渴,清热泻火外,还会使人面色红润,皮肤细嫩,精神饱满。它是天然的保健食品,常年食用,强身健体,延年益寿。

关于酸米饭的起源,没有文献记载,但在托克托有一个本土的传说:河口镇有一艘准备外运的大船,不巧赶上了连绵大雨,把船上的糜米淋湿。待到雨过天晴,船工们闻到了一股酸味。寻来找去,发现船上的糜米被雨水淋湿后发酵,产生了一股酸味道。船老板舍不得扔掉已经发酵的糜米,于是,船工们就用这发酸的糜米做了一顿饭。没想到做出来的酸米饭味道酸甜可口,船工们很喜欢。

此后,酸米饭开始在船工中流传开来,时间长了,就渐渐流传到了黄河两岸的村庄。可见酸米饭是黄河儿女聪明智慧的结晶,也是他们勇于探索的成果。

后来,伊大人把这种糜米当作礼品带回了北京。据《土默川的传说故事》记载,当伊大人带着米袋进宫还旨时:"恰逢英国大臣送来英国女王的贺礼——一座精美的自鸣钟。女王还让人写了一副贺联,上面写道:'日月共明报十二时吉祥如意,天地合德庆亿万年富贵荣华'。"

暗含喜庆意义,切合婚事主题。

伊大人也不甘示弱,他要用塞外的土特产同英国人的"洋玩意儿"比美,便写了一副贺联贴在米袋上:"和帝同姓含上三旗颜色,与民共食包下里巴香味。"

这副贺联暗示:我这米与皇上同姓,都姓"爱星(新)"(满语:金),是上三旗的颜色——黄白色;君王和百姓共吃金米,与民同乐,包括了"下里巴"(普通人间)的所有香味。

于是,光绪皇帝大加称赞道:"塞外珍珠米,香飘十八里。"重赏了伊大人。

附:酸米饭做法

第一步:将适量的糜米倒入有酸浆的浆米罐中,放置于温度较为稳定的灶台与火炕连接处,等待糜米发酵变酸。如今,住楼房者依环境而定。

第二步:糜米发酵变酸的时间一般为两天,喜酸者可以延长时间,不愿太酸者可缩短时间。其间,浆米的温度高,则浆米发酵得快,即变酸的速度快;浆米的温度低,则发酵得慢,即变酸的速度慢。故浆米的酸度是由时间和温度决定的。

第三步:留少量酸浆后,将浆好的米和浆一起倒入已加好水的锅中,亦可水开下锅,依条件而定。如果做酸稀粥,则多加些水;如果做酸粥,则少加些水;如果做酸焖饭,则更要少加水。

第四步:将锅烧火加热,待锅内的水刚烧开,将锅中部分米汤舀到浆米罐中,随后将适量糜米倒入浆米罐中,再将预留酸浆倒入,谓之回浆,以备下顿食用。

第五步:锅中米汤留存量根据所做酸米饭的品种而定,适量为宜。紧接着烧火加热到水开熬煮,直至煮熟,即可食用。酸焖饭舀出的汤,谓之酸米汤。

刘掌柜与托克托

《北方新报》刊登了王建中先生写的一篇文章,题目叫《刘字号》。文章开篇这样写道:

夜里来了戏班,锣鼓一催,三乡九村的人都来了。

这一晚唱的是大戏,连本演,三天的演期,看戏的人就嚷嚷开了。问是谁家的戏东家。戏东家就是请戏班的主家。便有人喊:"刘字号!"

"清宁当,刘掌柜的!"

"刘缸房啊。"

刘掌柜、刘缸房何许人也?

清末,"刘字号"在土默川已是名声显赫,无人不晓。"刘字号"又被称作"刘缸房",而经营"刘字号"的人被当地老百姓称为"刘掌柜"。

"刘字号"财产之巨,难以计数。从山西代县到绥西河套二分子,沿途都有刘字号的店铺和土地。

清末,在今内蒙古自治区托克托县古镇河口地境有一家西北地区较大的金融机构,叫作"清宁当"。

清宁当位于古镇河口头道街的中段,这家当铺同时兼营钱庄。清宁当的财东是山西省代县阳明堡人氏刘家。

当时,在今托克托县境内的刘字号有祝乐沁义兴成、账房坪大成德、什力邓恒德昌、托克托城义成店和新缸房、河口镇清宁当。铁帽刘家到刘凤歧(香鱼儿)管家时托克托城有商号三家、河口一家。

《绥远通志稿·人物》中关于刘天元的传略是这样记载的:"刘天元,山西代州人。因移垦于归化城西祝乐沁村,遂以为家。"这里,《绥远通志稿》记载有误,祝乐沁村不在归化城(今呼和浩特旧城)西,而位于今托克托县境的西北。

"刘字号"最初发家于托克托县祝乐沁村。

清嘉庆年间,刘家先人刘天元走西口来到祝乐沁村,见该处土地肥沃,就在此安顿下来。天元先向村中大户租种土地,勤奋耕耘。待稍有积蓄,便购置土地。若干年后,发家致富,除耕种土地之外,在祝乐沁村兴办了"义兴成"商号。商号经营粮食加工、土特日用杂货销售,到后来还在古镇河口办起了清宁当铺。因天元对当地穷苦人们乐施喜助,广做好事,故其善举口碑,传诵至今。

八国联军侵占北京,慈禧太后和光绪皇帝逃往西安途中,曾驻跸山西代州阳明堡刘家。其间,西太后曾向刘天元后人刘雨田许诺:只要大清的天下立一天,你们就可发展一天。

刘家因此更成为豪门巨富,但其成为豪门巨富并不仅仅因慈禧一句话而成,理由如下:

1.从慈禧太后和光绪皇帝曾驻跸刘家这一事实说明到清

光绪年间,刘家在原籍已是名门望族,不然,慈禧太后和光绪皇帝不会驻跸刘家。

2."刘字号"经久不衰,主要靠其家族成员经营有方。

刘字号的店铺经营业务城乡有别:在城镇的店铺经营六陈行、钱庄、当铺和日用杂货;在农村的店铺除经营油酒缸坊、农具、日用杂货外,还经营土地。

据《古镇河口》记载,相传,不知从何时起,义兴成形成一个规矩,每当秋收时,中午都吃豆腐粉条汤、油炸黍面糕。村里人如想吃糕,就到义兴成帮忙,义兴成一样给予工钱。

3.刘天元的后人秉承天元遗训,依然乐善好施,使"刘字号"声名远扬,善有善报。

《绥远通志稿·人物》记载:"嘉庆中,岁饥。天元冬将旋故里。先按贫户予之粟。村人走送数里外,皆挥泪。询其故,曰,恐翁明岁出关,我辈已填沟壑矣。天元亟回车,尽出仓储,计口授食。其有微资不忍受赈者,亦缩值以粜,约来岁取偿。然后行。比至家,拮据度岁。返而躬耕如故。不数年,集资累万。年八十余卒。子孙亦能世其业。祝乐沁居民受其惠者,至今尸祝之。"

这里记述的:"天元亟回车,尽出仓储,计口授食。""然后行。比至家,拮据度岁。返而躬耕如故。"读后令人动容。

清光绪二十七年(公元1901年)初秋,阴雨连绵,大黑河山洪暴发,祝乐沁护村堤坝危在旦夕。义兴成将库存的铁锹整捆整捆地搬到当村的街上,发动全村人上堤防洪,还把字号的所有马车赶出拉土补堤,中午由字号统一送饭上堤。由于义兴成的组织资助,全村人齐心协力,终于保住了村庄,免受洪水灾害。

4.刘家财主在山西坐镇,各地都由掌柜来经营,各字号的掌柜再雇用伙计、田头,田头又雇用长工、短工。所获红利除留生产资金外,不断地运、汇到山西原籍。

民国五年(公元1916年),匪首卢占魁抢掠河口,放火焚烧了清宁当。刘字号在各地的店号于民国年间先后歇业。

木税与托克托

清朝的关税名目繁多,木税是其中的一种。

据山西省右玉县杀虎口的当地人回忆说:相传,除了蒙古王公给皇上的贡品和回口里的灵柩不打税而外,口外的姑娘孝敬口里的爹娘一双鞋,如果被巡役发现,也要依照税例敲诈些小费。

而且,其中有许多税种是当今的人们没有见识过的,现列举部分如下:

最常见的有盐税、烟税、酒税、茶税。

食物税除米面、油、糖、酱税等,还有荤腥腌腊税、海菜香料税、干鲜果品税。

织物税有冠、履、靴、袜、棉、毛、丝、麻织品税。

器物税有珍玩料器税、钟表屏镜税、笔墨纸张税、乐器税、鞍骼税、鞭筈税。

杂物税有铜、铁、锡税。

牲畜税有买卖牲畜和年期牲畜税。

此外，还有皮毛骨角税和木植税（包括木材税、木器税）。

下面要讲的就是木植税，简称木税。

杀虎关于顺治七年（公元1650年），设于山西省右玉县杀虎口，并且分支出局卡来征收归化城、托克托城的木税和包头过往黄河（谓之软边）的牲畜税，民国以后"归化关"改为"塞北关"。公元1929年1月，杀虎关与塞北关合并。

杀虎关自清朝顺治初年建制到公元1929年结束，一共存在了将近280年。

该关清代归户部管辖，民国初期隶属于北洋政府财政部。后因军阀割据，先后还归属过察哈尔、山西的财政厅。

杀虎关与塞北关合并之前，归化城的木税局、托克托城的木税局、包头的牲畜局三者之间没有隶属关系，均归杀虎口关税局管辖。其间，林景贤担任杀虎关监督时，归化城、托克托城木税局曾经有一段时间改为分卡。需要说明的是：局和卡是有区别的，卡比局小。

托克托城的木税局与归化、包头一样，设有"贴书"和"巡役"若干，没有"经承"和"头役"的设置。

发生于清乾隆年间，曾轰动一时的"私伐乌拉山木材"一案，就与托克托木税局有很大关系。从当时的税务专业角度来讲，其行为属于偷越与漏税。

绥远城将军保德私伐乌拉山木料，从包头两边装船，在托克托的河口镇停泊，一部分顺流南下碛口，一部分卸到岸上由陆路运往归化城分散到附近各地。当时，由于税收数额庞大，托克托木税局的工作被认为是杀虎关的"肥缺"。

黄河改道以前，乌拉山离河很近，木材运出山口不需用船只,只要将木材连排后顺流而下,就无撞沉的危险。黄河两岸的山西、陕西虽有森林,但都属私人林场,并且道路崎岖,买价运费都很大。而出售乌拉山林木,在市场上可以说是一本万利。

从托克托木税局木税收入大增的时间段上来分析,当发生在下列时间段内:

1.刘统勋查办山西布政使蒋洲的晋案之前,就已发生私伐口外乌拉山木材的事。

2.刘统勋第一次到归绥调查了解。

3.刘统勋带着山西巡抚塔永宁第二次来归绥结案。

相传,在这段时间里,刘统勋曾在托克托河口镇经营木材的"享荣木店"住过。同时,还骑着毛驴到包头实地调查过。

咸丰十一年(公元1861年),山西崞县人张曾(字小园)写成的《归绥识略》上收录了刘统勋的一首七言绝句诗:"皇恩雨露苏边草,使节星霜滞转蓬。几度拂云堆上望,纷纷得失悟虽虫。"就是刘统勋到包头实地调查时所作。

诗中的"拂云堆",原为突厥南下渡河前祭神的地方,在今包头市的西北,这里"拂云堆"代表乌拉山。由此可见,刘统勋为了掌握确凿证据,曾经多次到此进行实地调查。

在这个时间段内,托克托木税局是税收业务比较大的地方,所以,这里的"帖书""巡役"两个岗位的人员轮换得比较勤快。

"帖书"与"巡役"的轮值期在各个关卡局是不一样的,河保营分局、黄甫川分局两个月轮值一次;托克托城、归化城木税局和包头牲畜局都是一月一换,目的是预防税收人员老待在一个地方作弊。

等到乾隆皇帝派刘统勋查办保将军,把乌拉山封闭以后,托克托的木税收入明显减少。

杀虎关最早没有税票,只是将凭报税单上所载的种类、数量、件数核对以后,先给包装打上红土水棕印,然后在报税单上加盖局卡的一个鹅蛋形圆戳和刻有"杀虎关税晋泰店代纳"字样的长戳,即算完成纳税手续。究竟缴了多少税金,除了商人、税店和"帖书"心中有数以外,别人一概不知。

这里,简单介绍一下"杀虎关税晋泰店代纳"中的"晋泰店"。晋泰店是当时杀虎关代理交纳关税的"报关店"之一,报关店就是行商进出杀虎口,把货物堆积到店内,由店家到税关代为办理打税手续,从中收取佣金的店铺,类似于今天从事房屋租赁买卖业务的中间机构。

另外,晋泰店是归绥城老字号"三元成"的财东家,三元成开设于18世纪初,一直持续经营到20世纪50年代的公私合营时期。

当初,托克托城征收木税时,也是发货单和报税单上不写税金数目,只是在木料或木器上没有油漆的那部分上面,打上"斧印"。

后来为了防止底下人舞弊,杀虎关税局统一颁制了两联税单。其中,商货税单是"大票",其他税单是"小票",托克托城木税局用的是大票。

公元1911年,辛亥革命爆发,阎锡山的"晋军"由太原开出,从山西河曲过黄河经过准格尔旗、达拉特旗前往包头时,沿途以捣毁税厅争取民心,在古城镇还杀了一个黄总办,以致河保营、黄甫川、托克托和包头的局卡停征了好几个月。

呼和浩特的五路村与托克托

清代,五路村与托克托县的河口镇经济往来不断,在高峰时段,五路村的许多村民拴起马车到河口跑运输。而且,五路村与河口镇在清代及民国时期的商业经济的繁荣周期也基本是一致的。

清雍正年间,五路村已成为归化城东的物资交流中心(习惯称为"跌头")。乾隆年间,五路又发展为粮食交易中心。到后来,五路村的街市上非常繁华,被人们称为"小归化城"。

下面分五部分介绍五路村与河口镇在商业经济上的相似之处。

一、五路村

五路村位于呼和浩特东郊白塔(辽代万部华严经塔)南一公里,村南是黑河上游。村内曾有一座元代就存在的佛庙(现在发现的碑文有"无佑定林永安禅师"字样)。

这一带水草丰美,辽金元时曾是"晴空高显寺中塔,晓日平明城上楼"①的繁荣地方。

五路村的土地原来都属土默特旗辅国公喇嘛扎布所有，后来其弟三扎布成了这块土地的主人。乾隆后期，他把这块土地由活约永租逐渐转移到财力雄厚的汉人手里。

二、河口镇

"托克托县城南有河口镇，适当黑河注入黄河之口，为水陆交通要埠。西来货船，多顺黄河运卸于此，再另起运外地。在本省内有两大河路，以通南北商货，即包头之南海子与托之河口镇也。"（《绥远通志稿·商业》）

清末，河口商业进入鼎盛之时，仅各草店每年所抽佣费，由数万元激增至10余万元。公元1911年，镇内有铺户92家，铺伙2832人，居民920户，常住人口6260人。（《绥远通志稿·户口》）加之流动人口，人数逾万。

三、往来路线

当时，河口镇与外界往来有一条重要路线，这条路是河口、托城通往归化城的主要陆路。该路从河口出发，经托城、官士窑、什力邓、三两庄、浑津桥进入归化城，里程80千米，车行需2日可达。出归化城东，越蛮汉山，过岱海滩及丰镇，进得胜口，到大同，经居庸关达北京，再到天津。

乾隆年间，从归化城经把栅、添密儿、美岱儿、石人湾、牛家川至得胜口开了一条通往内地的京大路。京大路修通后，货物不再由杀虎口运转，而是经得胜口出入。而五路村紧挨添密儿，且吃住比添密儿更实惠和方便。

---

①刘秉忠《过丰州》二。

四、繁荣时间

"清乾隆、嘉庆年间,河口即为蒙地盐碱囤积内运之场……道光以后,又为甘草码头。"(《绥远通志稿·商业》)

河口镇的工商业以粮食、土特产品的加工销售为主业,而许多大商行字号同时也是大型加工产业作坊,而且多是一业为主,多业兼营。

特别是同治、光绪年间托克托县河口形成水运码头后,西北的皮毛、药材、盐碱等多由黄河水运至河口,然后才用趟子车转京大路运走。五路村接近添密站口,为了招徕旅客,五路人便与添密儿展开竞争。跑运输的车户:第一,为了草料便宜;第二,为了住宿的地方宽敞。所以,宁可绕几里路,也要到五路村投宿。

五、经济内容

河口经济繁荣时,镇内行业所及,几乎涵盖了人们社会生活的方方面面。由水陆运输促成的各行各业,形成了相辅相成,互促并进,循环发展,特色鲜明的地方经济产业链。"水旱码头"一度成就了河口200余年的发达经济。

从雍正到乾隆年间,五路村发展成归化城东的物资交流中心和粮食交易中心。

1. 货栈客店

在河口镇三道街北部路东有一家叫"福祥号"的货栈兼客店,是河口仅有的一家专与"西船"回商交易的货栈兼旅店。其业务主要是代"西船"回商推销货物、存储物资。回商将运来的皮毛、药材、土特产品在河口出售以后,购买一些粮油茶布等日用品随船运回。此外,在河口镇的货栈客店,还有南十字街的艄公店和庙滩王家经营的金鸡店等。

火车进入阳高、丰镇后,京大路上更是马车如潮,络绎不绝。当时五路村开起了十几座大旅店,有的还有高级厨师专为凉州土客(贩大烟的)和西边的王公贵族享用。

在旅店业红火的时候,本村人也拴起了70多辆马车到河口跑运输。

2.粮食加工

河口镇的粮食加工销售业有碾坊、磨坊、油坊、粉坊、糖坊、豆腐坊、醋坊、酱坊、曲坊等。

五路村成了粮食交易市场以后,山西崞县的武家开了魁盛粮店,阳曲县姑姑寨张崔两家的"通事行"在开了烧酒缸坊后,又开了粮店,字号名叫"元亨永"。在以"三扎布"这家为主的蒙古居民点门前便出现了一条面铺街。其中最发达的是寿阳人开的任面铺,随面铺兴起的是炸麻花、烙月饼等干货铺。

3.买卖字号

河口镇"历年商业以河运著称,地方繁荣,即由于此。钱粮两业,亦早发达。当时市廛栉比,论市面殷繁,除归厅、包镇而外,萨、清、和之城市,皆不及也。"(《绥远通志稿·商业》)

"又有清水河之粗瓷器,河套之枳芨草、红柳鞭杆,价值约六七万。乌拉山、大青山所产之松、柏、桦、杉等木料,亦多聚集于此,转销各地。"(《绥远通志稿·商业》)

这时,五路村的面铺街也热闹起来,烧卖馆就有四五家,烟馆、杂货、小吃、小喝应有尽有。铁匠炉、木匠铺的叮当声不绝于耳,连耍猴、卖艺、拉洋片的也经常出现。尤其是在过节的时候,买卖字号要酬神唱戏,于是乎,从村内到村外的推车叫卖声此起彼伏。

当时,五路村已有50多对用大红字写着各家堂名的大沙灯,逢年过节挂在大门两边。此外,本村有全副行头的秧歌队,还有娶媳妇的花轿,送殡的杠房、鼓匠,杠房铺出赁全套青瓷家具供红白事宴使用。

五路村除元广字号的张家在归化城还有字号外,本村内还有武家的银炉,陈家的信成号绸缎铺,杨家天顺连货店,四家草料铺,一家山货铺以及许多杂货铺等,市面成了小归化城。

附:

过丰州[1]

〔元〕刘秉忠

（一）

平生清兴在林泉,世路谁教也著鞭。

马上青山长万里,镜中华发已三年。

又经黑水还沙漠,才自乌蛮出瘴烟。

盖世功名正低首[2],西风秋树一声蝉。

（二）

边山弥弥[3]水西流,夹路离离[4]禾黍稠。

出塞入塞动千里,去年今年经两秋。

晴空高显寺中塔,晓日平明城上楼。

---

[1]丰州:州名,辽置。治所在今呼和浩特市东白塔村。
[2]低首:羞怯,不好意思。
[3]弥弥:满貌。
[4]离离:繁茂貌。

车马喧阗①尘不到,吟鞭②斜袅③过丰州。

①喧阗:连续不断。
②吟鞭:指在马上哼吟小诗。
③斜袅:指炊烟弯曲上升。

盐大使与托克托

历代的盐大使品种繁多，且品级不等，有叫盐课大使的，有叫盐场大使的，还有叫盐运司库大使和批验大使的。

刘映元在《呼和浩特市回族来源与回民区形成的初探》一文中写道："据《绥远通志稿》的《盐榷卷》记载，早在乾隆元年（公元1736年）清朝政府为了管理'蒙盐'，便在阿勒坦汗义子托托台吉曾经镇守的古东胜州城黄河和黑河交汇处的河台地方，安设了盐大使，乾隆六年并在古东胜州城码头前设建了托克托厅，于是湖滩河朔的码头，移到河口镇，托克托厅成了山西边外仅次于归化城的繁荣地方。"

据《绥远通志稿》记载，绥远所属的各地，在很早以前就已经有了许多盐场。金之东胜州（今内蒙古自治区托克托县），元之净州天山县，均置盐榷场。只可惜"载籍简略，语焉不详。""迨及有清，事蹟始著。"

清初的蒙盐，任由民间贩运，没有盐法一说，因而行销于晋北各州县。到了乾隆初年才开始有规制，严禁水运入口里。

乾隆元年，按照旧例，朝廷准许在黄河中上游的分界点河口村设置了蒙盐积储的地方，然后再由陆路驴驮车载行销，但不准由水运直下。《绥远通志稿》是这样记载的："蒙盐行销各处，囤积地点，最初置盐大使于托县之河口镇。以其为紧要口岸，且以防水运也。"

后来，蒙盐行销的地方除归绥道所属各厅外，远销到大同、朔平二府以及岢岚、永宁、保德三州。当时，行销的蒙盐有三种：1.阿拉善旗的吉兰泰盐，是蒙盐中最好的一种，也叫红盐；2.鄂尔多斯盐，也叫白盐；3.苏尼特盐。另外，托克托当地也产土盐，并设有东西盐坊（即东苏海太）。

正是因为当时的托克托厅为吉兰泰盐的水陆转运之处，是唯一紧要的口岸，因此，朝廷曾责成归绥道及河口的盐务批验大使严加稽查。

到了清乾隆四十七年（公元1782年），积储的蒙盐越来越多，达700余万斤，约占每年行销总量的三分之一。于是，时任山西巡抚农起奏请：以蒙盐之有余，补内地土盐之不足。

这一年，朝廷实施新政：驰禁收税，准许蒙盐行销内地，"是为口外蒙盐征榷之始。"即使这样，也只是听民贩运，不准商销。

清嘉庆十二年（公元1807年），朝廷为了征税将政策再次放宽：规定旧食土盐之太汾44处，皆参食吉盐。每年从河口镇贩盐1000余万斤。而以大同、朔平二府，岢岚、永宁、保德三州，岚、兴、临、宁武、偏关、神池、五寨、静乐、河曲等九县为引地，立口岸于托克托之河口镇。岁额87500引，征课银63500余两。设吉兰泰、河口、磴口三处盐务大使。

清光绪二十八年(公元1902年),归绥道恩铭详明山西巡抚岑春煊,发官本二万金于包头镇,设立了官盐总局。又因其成效大著,于是蒙财政局于光绪三十二年(公元1906年)添筹官本二万金,于托城之河口镇、归化城二处,先后分设子局,以余润春、沈可权分任其事。

清光绪三十三年(公元1907年),晋北榷运局与阿拉善旗订立合同,租赁盐地,自行捞产,办理官运食盐,运到河口镇,河口分局验票并转运到归化城,商人贩运零售。此时,河口分局负责征收土盐和吉盐税。

另外,清光绪三十二年(公元1906年),垦务委员李耀亭等鉴于土盐已成大宗土产,曾以私人名义,集股二万元,呈奉将军府核准包销,即于是年在河口镇成立公裕官盐号,依市价收买囤积,转售各县,以期获转运之利,此即土盐初改官运之始。至光绪三十四年(公元1908年),垦务惨案发生,盐号亦因资本亏累遂告歇业,归并河口官盐局征税商运。

民国

杨令德、李裕智与托克托

杨令德和李裕智都是托克托县人,他们是同乡,也是同班同学,两人感情深厚。

一、同乡

杨令德,原名杨正堂,字令德,笔名许如,生于内蒙古自治区托克托县托城寿阳巷的一个大家族,1919年毕业于托克托县托城高等小学。

生前曾任内蒙古自治区政协副主席和中国国民党革命委员会内蒙古自治区委员会主任委员。新中国成立前,曾任《大公报》驻绥远特派员。著有《伟大的工作》《活跃的北战场》《塞上忆往》。

李裕智,字若愚,生于内蒙古自治区托克托县河口镇南双墙村的一个贫苦农民家庭。1919年毕业于托克托县河口镇高等小学,是这所小学的高才生。

1923年秋天,李裕智前往北平蒙藏学校读书。在中国共产党的早期活动家邓中夏、赵世炎的关怀和培养下,李裕智参加了中国社会主义青年团,又于1924年春天加入中国共产党。

二、同学

1920年,李裕智上归化城,进入土默特旗总管衙门所办的南高小学补习,杨令德在托克托县高等小学自学一年。

1921年,杨令德、李裕智、霍佩心、吉雅泰等人考入归绥中学第十一班。

吉雅泰是土默特旗三两村人,霍佩心也是托克托县人。

当时,归绥中学的宿舍每间分配3名学生居住。杨令德、李裕智、吉雅泰同住在一个宿舍,这样,他们就成了归绥中学同班同宿舍的同学。

在此,简单介绍一下杨令德和李裕智的同班同学霍佩心:

霍佩心,又名霍世休。1930年毕业于清华大学中国文学系,随即进入该校研究院深造,很受导师朱自清的赏识。1934年,朱自清将霍佩心写的《唐代传奇与印度故事》一文予以推荐,并发表于《文学》第二卷《中国文学研究专号》。

同时,霍佩心是杨令德舅舅的三儿子,与杨令德同岁。杨令德的舅舅叫霍亮生,是当时托克托县的名人。

后来,霍佩心回到母校,任归绥中学校长。他撰写的《王昭君的故事在中国文学史上的演变》,很有影响。

三、友情

当时,李裕智和吉雅泰同岁,他俩都比杨令德大4岁,杨令德成了他们的小兄弟。据杨令德回忆:"他们两人都很照顾我,爱护我。"

1922年的夏天,李裕智、吉雅泰二人各拿到了土默特旗总管衙门给颁发的"骁骑校"委任状,这在当时也算是个功名。

有一天,杨令德准备回托克托县老家,李裕智、吉雅泰郑重地将这两个委任状交给他,委托其带到李家和吉家,妥善保管。

当杨令德途经三两村时,亲自将吉雅泰的委任状送交到吉家;回到托县河口梁底村时,亲自将李裕智的委任状送交到李家。据杨令德后来回忆:"他们两家的老人见到委任状时都非常高兴。"

那么,骁骑校是个什么样的功名呢?

"旗,是军事组织。其基层单位是佐(也称'苏木')。每佐应该能出150个箭丁,由5个'百十户'(也称'保十护')率领,上边设一个佐领(章盖)和一个骁骑校。"①

当时,土默特旗在包头南海子和托克托县湖滩河朔,设有两个防御和骁骑校。

四、同志

1925年春,李裕智受党组织的派遣,回到内蒙古开展革命工作,任中共包头工委书记。

李裕智来到包头以后,开展了党的活动。他首先筹集资金,开办明德照相馆,以此为掩护进行党的地下工作,向党的积极分子者宣传马克思主义基本观点,讲解孙中山先生的三民主义。

杨令德在第一次国共合作时期,曾一度秘密参加国民党(当时北方为军阀所统治,联盟的活动受到限制),并在共产党人李裕智领导下的绥蒙特别党部任监察委员。

---

① 刘映元:《抗战前夕土默特旗职官的产生与安排》;箭丁:当兵的。

杨令德回忆说:"1925年冯玉祥将军驻扎包头,党在包头创办了《西北民报》。李、吉回到包头开展工作,成立了中国国民党绥远省省党部(第一次国共合作,李、吉为交叉党员)。李、吉为执行委员,我为监察委员。"

于是,杨令德、李裕智这两位老乡老同学又相聚于包头,与此同时,相聚在一起的还有另一位老同学吉雅泰。

1926年1月1日至20日,中国国民党第二次全国代表大会在广州召开。

在这次会上,李裕智见到了革命先驱李大钊,见到了参加大会的毛泽东、周恩来、董必武、聂荣臻等无产阶级革命家。

据杨令德回忆:"国民党第二次全国代表大会在广州开会时,他和黄维世(达拉特旗人)同志出席,北返后,曾特意向我转达过他在这次代表大会上的意见。"(杨令德:《廿年代初期李裕智同志片段》)

1926年秋天,从苏联回国的冯玉祥誓师五原,宣布参加革命,并到包头集结旧部,李裕智主持召开了欢迎冯的群众大会。

杨令德在《我在绥远新闻界的一段往事》一文中写道:"1925年到1926年,我在包头《西北民报》工作了一年左右(这个报也只出版了一年左右)。这个报是共产党领导的,主要负责人社长蒋昕松、总编辑胡英初等都是共产党员,当时是国共合作时期,是公开的。"

另,据刘映元在《傅作义的干部队伍与第七集团军政训处》一文中记载:"1925年,冯玉祥督办西北边防时,让共产党员在包头创办了一个白话《西北民报》,杨令德由于给《西北民报》写地方通讯,被《西北民报》社长蒋昕松发现,提升为新闻记者,后来又给天津《大公报》投稿,经主笔张季鸾赏识,聘为绥远特派员。"

李裕智是共产党在内蒙古地区的早期主要领导人之一,在短暂的一生中,为党、为内蒙古各族人民的解放事业做了大量工作,用自己年轻的生命谱写了壮丽篇章。

归绥中学校长霍世休与托克托

霍世休(1905—1945年),字佩心,内蒙古自治区托克托县人。1930年毕业于清华大学中国语言文学系,随即进入该校研究院深造。

霍世休是杨令德(托克托县人)舅舅的三儿子,与杨令德同岁。杨令德的舅舅叫霍亮生,是当时托克托县的名人。后来,霍世休回到母校,任归绥中学校长。

在清华大学研究院读研究生期间,他所撰写的《唐代传奇与印度故事》的研究文章,受到导师朱自清先生的赏识,并予以推荐。1934年该文发表在《文学》第二卷《中国文学研究专号》。

他是绥远省最早的文学刊物《火坑》社的主要成员之一,绥远文艺界抗敌协会常务理事,出版委员会委员,《燕然》半月刊主编,他所撰写的《王昭君的故事在中国文学史上的演变》,很有影响。

霍世休所写的《我所认识的鲁迅先生》一文开篇写道:"鲁迅先生的逝世,人们都一致承认是中国文坛上最大的损失,但是这单是文坛的损失吗？全国思想界从此失掉了一位最坚强的尊师！因为近来鲁迅先生的活动，实际上早已超过普通的作家，而成为思想界的权威了。"

"鲁迅先生在这十几年中写了许多小说、散文诗以及杂文，甚至于作为学术上贡献的《中国小说史略》，也写得那样谨严，截至现在似乎还没有人在这方面能超过他。"

杨令德在绥远《民国日报》编辑《十字街头》文艺副刊时，正处于20世纪30年代前期，"中国左翼作家联盟"领导"普罗文学"运动，并通过统一战线推动"国防文学"的那个历史阶段。此间，当归绥中学校长的霍世休主张学术自由，凡来绥远访问的名流学者，如张伯苓、刘半农、冰心、郑振铎、朱光潜等，他都要组织学生跟这些全国知名人士见面，听他们发表演讲。

1936年4月5日，因为有了印刷机器，绥远新闻社出版了霍世休等所编的《燕然》大型16开铅印文艺半月刊第一卷第一期。当时，在国内各省的省会，很少有这种大型的国防文学杂志，这样便扩大了"国防文学"战线在绥远的阵容。在这期创刊特大号上，霍世休发表了《我愿》《春之踪迹》等诗歌。

1936年5月15日的《燕然》杂志发表了霍世休所写的诗歌《冬夜》：

西沉的太阳带走了阳光和阳光下的烦扰，
黑夜的步履紧跟着统治了世界。
悄悄地却不剩一丝罅隙，
大地这时节静得像死去。
晚风停止了冰冷的呼吸，
归林的乌鸦也不再喧哗，

个个到多梦的巢里睡稳。
清冷的小巷几盏昏黄的路灯,
尽望着瑟缩的行人像遇着威严的时局。
天上渐渐地出生一钩冰清的月牙,
每一颗星星幽默地眨着暗示的眼睛。
这静夜用睡眠覆盖了一切,
除了街头巡逻的警察,
铺檐前卧着的几只耐寒的卫士跟它哆嗦着的主人,
远处广大的舞场繁弦与红灯,
兴奋着每个迷醉的男女,
自己却正像不眠的智慧,
永远保持着水一样清醒。
不错,精明的白日指示给人类这有限的存在,
黑夜却像禅门的法师用沉默去说明一切。
一阵阵祈声惊破了寒夜的肃穆,
一串清脆的调子好像凝结在空中,
却又一声声沉没于无涯的夜之深渊。
这时节两三颗不羁的流星,
早又一声不响地略过了星空。

1936年11月18日至21日,由清华大学哲学系主任兼文学院院长冯友兰先生安排的慰问团一行5人来到归绥市(今呼和浩特市)。

慰问团由时任清华大学研究生院和文学院教授的朱自清先生亲自带队,一行5人中还有燕京大学文学院院长梅贻宝

先生(清华大学校长梅贻琦先生的胞弟)和3位学生代表,即清华的王达仁,燕大的朱焘谱、王若兰,他们组成两校赴绥远慰问团,到前线慰劳抗日将士。

11月18日晚6时许,慰问团在清华园站坐火车,经平绥线,第二天中午抵达归绥。他们把行李放到住宿的绥新旅社后,就赶到饭馆吃午饭。当得知朱自清先生一行已到归绥后,归绥中学校长霍世休立即赶到饭馆。师生相见,如同久别的亲人,于是,霍世休做东招待了老师一行。其间,梅贻宝先生委托霍校长约新闻记者和归绥市各校校长在晚8时到旅社参加茶会。

晚上6时,慰问团出席了省教育厅厅长阎伟(托克托县人)的招待宴会。饭后召开茶话会,新闻记者和各校校长约20人参加了茶话会。会上,霍世休校长回答了记者的提问,并向慰问团表示,归绥教育界已具备了抗战的决心。霍校长还代表归绥中学表示,学校将组织学生自卫团,在后方积极服务。

20日早晨,朱自清先生应霍世休校长邀请,到归绥中学演讲。朱自清根据大战即将来临的时局,促请学生切实接受军事训练,并养成战时组织能力。演讲结束,他同梅贻宝先生等看望了驻防部队。

关于霍世休先生的往事就谈到这里,后续文章中笔者将会展开研究霍先生的《唐代传奇与印度故事》《王昭君的故事在中国文学史上的演变》等学术著作的有关内容。

李达光与托克托

2023年10月2日,笔者与好友同游托克托县段的沿黄公路。黄河两岸的秋日风景美不胜收,不知不觉中来到了黄河岸边的柳林滩村。进到村里,让我想起了一位英雄人物,他叫李达光。

李达光,原名李生旺,字亮明,乳名三喇嘛。生于清宣统元年(公元1909年),内蒙古自治区托克托县柳林滩人。

李达光幼年时在托克托县的河口小学读书,民国十五年(公元1926年)初,考入归绥师范学校。因笔者也是河口小学毕业的学生,故与李达光是校友。

1926年冬,李达光在归绥师范学校读书期间,加入中国共产党。

1928年初,李达光返回河口镇从事革命活动,宣传马列主义。那时,李达光住在河口镇头道街的一间小屋里,河口小学的师生一有空就去他那里坐一坐,听他讲革命道理,其中有个学生名叫苏谦益。

在《苏谦益传》第13页中这样记述道:

"他把工作重点放在河口小学师生中,利用师生、校友关系,经常向师生宣传马列主义,讲共产党领导人民闹革命,打倒帝国主义、打倒封建主义的道理。李达光比苏谦益高两届,老师常讲李达光是高才生,考到归绥师范,苏谦益很崇拜他。"

《苏谦益传》第14页还记述道:

"于是,苏谦益和武达平、杜如薪等同学便经常主动接近李达光,常常利用早晚空隙或节假日,到李达光的小屋,或随李达光到'海口'岸边、梁头沟底,倾听革命道理,接受新思想。

李达光在他们心灵深处播下了革命的种子,苏谦益等人就是在他的影响下走上了革命的道路。后来苏谦益回忆说:

'李达光对我的思想启蒙起了很大的作用。'"

同年,中共绥远特别支部成立,李达光任支部委员,负责宣传工作。

1931年,李达光到北平,考入宏达学校,学习期间与中共河北省委接上组织关系。1932年5月,中共河北省委派遣李达光回绥远工作,后又到绥西搞兵运工作。

1932年10月,苏谦益由共产党员杨一帆、李达光介绍加入中国共产党。

1933年4月，中共归绥中心县委遭敌破坏。同年秋，李达光在归绥被捕，后越狱，西行到包头，即以行医为名，活动在土默川农村和大青山一带。

1938年9月，大青山抗日游击根据地开辟以后，李达光与中共党组织接上关系，接受任务回托克托县开展抗日工作，组织一支抗日游击队，在大青山张启明沟一带活动。

1939年绥西地方工委成立，李达光任地委武装部长。1940年秋，绥西地委决定建立中共托和清工委和县政府，李云龙任书记，李达光任委员，工委委员杨岐山兼任县长。在托县、归绥、和林三县边境的什力圪图、永圣域、南的力图、朱什拉、耳林岱一带农村，秘密开展抗日宣传、发展游击队员和建立党的基层组织工作。

1940年初，大青山抗日游击队绥察独立第二支队成立，李达光任参谋长。同年秋，带领一支游击队在归绥、托克托、和林格尔三角地带开展游击战争。

张如嵬先生在《缅怀李达光烈士》一文中这样记述道：

"一次，李达光带领五六名游击队员刚从大青山下来，被日军发现了，日军有一个小队的兵力。敌人看到游击队人少力单，又没带武器，就向游击队追来。见此情景，李参谋长果断地命令队员："不要慌，跟我来。"于是在李达光的带领下，迅速向毕克齐跑去，日军在后面紧追不放，边追边鸣枪。李达光等进村后，一拐弯向毕克齐村后跑去，紧接着日军也进了村，以为游击队隐蔽在老百姓家里，就挨门逐户地进行搜查。而游击队却跑进村后的喇嘛庙里，准备在此躲避。庙里的喇嘛见有人进来，用愤怒的眼睛盯着游击队员，手指庙门，嘴里说着蒙古语,意思是叫他们赶快出去。李达光忙向喇嘛施礼,然后用蒙古语和喇嘛说明当时处境。这位喇嘛一听李达光会说蒙古语,并且态度很诚恳,认定他们不是坏人,所以也连忙施礼,口里念道:'善哉!善哉!阿弥陀佛!'并让李达光他们进屋里休息。大家坐定以后,李达光又用蒙古语和喇嘛攀谈起来,俩人谈得很融洽,毫无戒心,大家才放心地休息下来。吃中午饭时,喇嘛还用炒米奶茶招待游击队员。"

李达光有丰富的战斗经验,早已为人所知,可他会说流利的蒙古语,却很少有人知道。从此以后,李达光通晓蒙古语这件事,就在游击队里传开了。

1942年,李达光坚持"隐蔽政策",在托克托、和林格尔一带,时而以医生为名,时而化装成农民,活动于群众之中,开展抗日活动。后因积劳成疾,隐蔽在家乡疗养。

《呼和浩特文史资料》第十八辑295页记述道:

"1945年腊月,李达光被国民党逮捕入狱。后经其四弟极力营救获释,释放后第三天,国民党再次将李达光逮捕,遂押到归绥监狱监管。

1946年,李达光被敌人杀害,时年37岁。"

绥远省沃野局长刘继尧与托克托

据《绥远通志稿》卷八十七第155页《人物（乡宦）》中记载："刘继尧，托克托县人，沃野设治局局长。民国大学经济科毕业。曾任包头县政府秘书、省政府科员、通志馆采访主任。"

设治局，官署名。北洋政府时期于少数民族地区或边远地区尚未设县的，先成立设治局进行筹备，作为设县的过渡。国民党政府沿置，依照1931年6月2日公布的《设治局组织条例》规定，设局长一人，受省政府的指挥监督，处理本管区域内行政事务，其辅助人员有佐理员，并得酌用雇员。设治局与县政府一样，在不抵触中央及省的法令范围内发布局令，并制定单行规则，但须呈报省政府查核备案。

刘继尧，字闻道，乳名贵生，今内蒙古自治区托克托县账房坪村人，出生于1905年，姐弟七人，排行老三。

刘继尧的父亲刘琳于1917年从绥远传习所学习归来，接替刘耀担任托克托县立第一高小校长。刘琳热心教育事业，办学有方，在培养人才上颇有建树。

刘继尧自幼聪慧,酷爱书籍,又出身于书香门第。10岁时就读完"四书"与"五经",15岁便能写出较好的作文,向绥远报社投稿发表。

刘继尧从小爱读《史记》《孙子兵法》和《资治通鉴》等书籍,立志向历史上的爱国忠良学习。他智力超常,无论是学习成绩还是书法作品都名列前茅。

刘继尧由地方士绅资助学费考进归绥中学就读,后考入北平民国大学。1934年毕业后,他回到绥远省任归绥中学训育主任。

沃野设治局所在地叫陶乐湖滩,南北长约百里,东西仅五里,系一狭长地带。居民主要依靠挖甘草、采锁阳、苁蓉、发菜等自然植物为生。时属绥远省伊克昭盟鄂托克旗管辖。

时值绥远省公开招考县长,刘继尧报名并参加考试。报考人数150名,根据分数线划定,由高分到低分录取了40名,分为3个等级,刘继尧榜上有名,且为甲等第一。

绥远省国民政府于1935年正式任命刘继尧为沃野设治局局长,并发给枪支弹药、马匹若干,开创款500银圆。局长以下办事人员由刘继尧聘用,无需再由省政府批准。

郭明昭先生在《刘继尧其人其事》(《托克托地方史迹》第一辑)一文中写道:

"当时被聘用的有北平民国大学毕业学生阎继嘉、绥远回族林清泉(曾任小学教员),此前均赋闲在家,遂由继尧以设治局局长名义任命为科长,秘书之职。又回托克托城及附近农村招收曾当过兵、会骑马使用刀枪、身体健康、有勇有谋、能征善战者50名人员,经过短时间的集中训练后到了沃野设治局所在地的陶乐湖滩履行公务。"

因沃野设治局初设,刘继尧雇用民工建起几十间土房,作为设治局临时办公地方,又在南北各10千米之外建起土房各5间,作为缉私卡。设治局工作人员和缉私队人员的生活用品及物资,如粮食、蔬菜、煤炭、医药、被服等,每月均渡过黄河到宁夏平罗县城采购。

刘继尧在任期间,率领部下走遍沃野全境,深入了解民情,进而掌握当地的政治、经济、文化情况。

刘继尧重点做了五个方面的工作:一是重新丈量土地,重新规定赋税;二是均徭役,减轻百姓负担;三是改革弊政,倡导廉洁节俭;四是重视判案和刑狱,逐步纠正以前的冤假错案;五是鼓励乡民兴修水利,发展农、林、牧、副、渔业,改善交通,促进贸易往来。

同时还规定:若到青黄不接之年,穷苦人家的口粮接济不上时,均可开仓借给;等到接上新粮后,加上官定的利息后偿还,从而使农牧民不受地主和富豪的重利盘剥。

刘继尧审理案件时,无论何种疑案,都要进行反复认真的调查取证,直到水落石出。

1936年,刘继尧在沃野病重,其大哥刘继汉赴沃野看望。这年农历八月十五日,其四弟刘继志与同学李崇德骑自行车由托克托县出发,经萨县、包头、五原、石嘴山、平罗渡过黄河到沃野看望他,可见兄弟情深。

1937年七七事变,归绥、包头相继沦陷。11月,宁夏省主席马鸿逵派警察厅长带人强占沃野,变为宁夏陶乐县。刘继尧等人因寡不敌众,退出陶乐湖滩,到绥西陕坝,向绥远当局汇报这一情况。

关于马鸿逵强占沃野的具体过程,刘继志(刘继尧之四弟)在《马鸿逵霸占沃野设治局之经过》中有记述。

另,刘映元在《章文轩统治鄂托克旗二十年》(原载《内蒙古文史资料》第十四辑)一文中写道:"宁夏是鄂托克旗的近邻,马家处于客军地位。由于鄂旗归绥远,马家不好过多干涉。而章文轩为了拉住宁夏二马(马鸿逵、马鸿宾),便把鄂旗与宁夏交界处的一块大牧场的一切权益交给马鸿逵。后来,这块牧区即成了宁夏的陶乐县。"

1941年12月,刘继尧因病去世,时年36岁。

电灯公司总经理武世臣与托克托

民国十七年(公元1928年)的一个秋天,绥远省第一座电灯公司的厂房在归绥市(今呼和浩特市)建成,同年农历八月,试机开灯成功。民国十八年(公元1929年),武世臣出任绥远电灯公司总经理。

武世臣,字荩卿。生于清光绪九年(公元1883年),托克托厅城关镇人。

武世臣少时读过两年私塾,会蒙古语。民国十四年(公元1925年),应大盛魁经理段敬斋(即段履庄)和绥远平市官钱局经理陈敬堂相邀,经办电灯公司。民国十六年(公元1927年)下半年,在归绥市火车站西街划分地基动工建造厂房。那时,车站西街叫粮栈街,电灯公司位于粮栈街的西头。

绥远电灯公司的发起人共有12家,分别是旅蒙商号"大盛魁"、建设厅厅长冯子和、栈房经理王赞延、教育厅科长阎肃(后任省参议会副议长)、郭并卿、仇砚田、陈敬堂、樊弼予、石子璋、王梦玲、武荩卿。

1929年10月,公司成立筹备组,招股章程明确公司股本总额为国币40万元,分为4000股,每股100元,分两次集齐股本。公司共有股东11人,冯子和任董事长,阎肃(托克托厅河口镇人)任常务董事,张坦、梁新明、段敬斋(即段履庄)、苏昭文、李继先任董事,郭并卿、朱绍芝任监事,武世臣、郭全有为正、副总经理。

为了便于理解,我们用今天的概念解释一下公司发起人与股东:1.发起人和股东与公司结合的方式不一样;2.发起人参与公司的管理,股东不一定参与管理;3.发起人是股东,股东不一定是发起人。

当年,电灯公司发起人与股东的概念和今天的公司是不一样的,电灯公司的章程规定:发起人所得分红占十六分之一;电灯公司成立后,其成员的数量和结构均有变化,变化的内容主要是发起人不一定是股东;武世臣为公司发起人之一,即武荩卿。

从时间上推断:武世臣受段敬斋(即段履庄)和陈敬堂之邀参与电灯公司的工作是在民国十四年(公元1925年),而当上公司的总经理是在1929年董事会成立之后。

电灯公司于1929年11月开始营业,主要设备是一台WTA512型发电机,发电机功率为400千瓦,采用的动力燃料为煤炭,每年消耗煤炭近4000吨,燃料煤炭的主要来源为山西大同的口泉煤矿。

1929年发电总量为1488310千瓦时,主要用于归绥市内的政府、公司、工厂、字号、商铺、民宅的照明。共有电灯17366盏,供电线路总长70.1千米,电杆1429根。

1934年1月16日,电灯公司凭借自身信誉,经公司总经理武世臣与包头中国银行行长郑相成多次协商,筹措2万银圆在电灯公司旁边建造面粉厂,成立面粉公司。从天津德商亚美公司购进面粉机,生产五塔牌面粉。日产1000~2000袋(每袋22千克),销路渐畅,面粉公司声誉日高。因归绥市内建有五塔寺(慈灯寺),故,面粉品牌叫作五塔牌。

据《呼和浩特文史资料》第十八辑记载:"至民国二十六年(公元1937年),公司基金超过百万。同年10月,日军侵占归绥后,绥远电灯、面粉公司被日本人控制。民国二十七年(公元1938年),武荩卿不愿受日本人的奴役,想辞去总经理的职务。日本人不但不批准,反而认为他有反日嫌疑,将其扣押40天,被地方各方人士担保释放,去北平治病。"

民国三十三年(公元1944年),武世臣去世,终年61岁。

新中国成立后,电灯公司逐步过渡为呼和浩特供电局,面粉厂逐步过渡为呼和浩特第一面粉厂。

马占山与托克托

马占山(1885年11月30日至1950年11月29日),字秀芳,抗日爱国将领。1885年11月30日生于吉林省怀德县(今吉林省长春市公主岭市),祖籍河北省丰润县(今河北省唐山市丰润区)。

马占山出身于绿林,发迹于奉系。1931年九一八事变,马占山在黑龙江省齐齐哈尔就任黑龙江省政府代理主席兼军事总指挥,率领爱国官兵奋起抵抗日本侵略军。他指挥江桥抗战后,成为举国敬仰的抗日英雄,市场上还出现了"马占山"牌香烟。

就是这样一位赫赫有名的抗日爱国将领,与陕西省府谷县的哈镇(哈拉寨)有着千丝万缕的联系。同时,与内蒙古托克托县、河口镇有关的许多往事也让人们忆起……

哈镇,陕西省府谷县最北面的一个镇子。原名哈拉寨,历史上的边防重镇,南连府谷,北通准格尔旗、东胜区、河口镇、托克托县以及包头市。

1937年7月7日卢沟桥事变后,马占山赴南京向蒋介石请缨抗战,是年8月21日被任命为东北挺进军司令(后改任东北挺进军总司令),兼理东北四省招抚事宜,作出收复东北态势。

马占山辗转至山西大同、绥远,重振旗鼓,着手以刘桂五将军的中央骑兵师和李大超的国民党军为骨干,组编东北挺进军,并先后招抚和收编了大量伪蒙古军,壮大了挺进军的力量。

1937年9月中旬,日军进犯绥远。挺进军骑六师刘桂五据守旗下营与敌对峙。马占山率骑一旅、蒙古军独立第一旅等部联合布防于绥远城(今呼和浩特市)东10余里的大黑河一线,保卫绥远。

"9月28日,日军进攻旗下营,刘桂五率部奋勇抗敌,经过一昼夜激战,歼灭大量敌人。日军酒井旅团一部挟伪蒙军一部及大炮10余门,装甲车百余辆,向大黑河一线进攻。激战一昼夜,敌我伤亡惨重,挺进军仍坚守防线。次日,日军以骑兵猛攻旗下营,全线同时发生激烈战斗,敌军兵源不断增加,骑一旅伤亡过重。马占山亲临阵地督战,严令扼守。战斗异常惨烈,直到下午6时,马占山下令撤退。挺进军在夜幕掩护之下,退向毕克齐。"(《绥远抗战》)

10月3日,挺进军至包头,骑六师刘桂五部转进磴口(今属包头市)布防。16日早晨,日伪军两个骑兵师携大炮20余门,装甲车百余辆,飞机4架,进攻磴口防地。挺进军奋力杀敌,经过一昼夜激战,由于敌我力量悬殊,磴口失守。挺进军退至包头、西山嘴一带,绥远大部分沦陷。

后来,马占山的挺进军总部驻扎在内蒙古准格尔旗沙圪堵南50余里的哈拉寨(今陕西省府谷县哈镇),以游击战术纵横伊克昭草原,并不断率部翻越大青山,向日寇腹地攻击。

归绥、包头失陷后,晋西北的偏关、河曲、保德等县也相继沦陷。战火蔓延到府谷,日寇有西窜之势。为了配合傅作义和高双城,马占山率领的挺进军纵横驰骋于托克托、萨县、武川、凉城之间,避实击虚,攻其要害。

1938年3月初,日军分三路包围驻扎在准格尔旗大营盘一带的挺进军。马占山率部突破日军包围圈,采取由内线作战改为外线作战的战略,沿黄河一带转战至阴山山脉,不断袭击日伪军。

1938年3月16日夜,马占山率部东渡黄河,以奇袭方式进占河口镇(今内蒙古托克托县河口村)。17日晚,收复托克托县城,乘胜击退三路来犯之敌,生擒伪蒙古军骑四师团长门树槐,迫使他全团反正。同时,挺进军骑六师师长刘桂五指挥一个支队,于当天拂晓进袭萨县,一度占领车站,将铁路破坏,仓库焚毁,切断平绥铁路。

《托克托县志》326页是这样记载的:"公元1939年3月,抗日军马占山攻打河口、托城,击毙日军80多人,烧毁日本兵车1辆,活捉伪蒙古军团长门树森。"[①]

日寇因为平绥铁路被切断深感震惊,停止南下攻打山西的计划,调集两个师团和伪蒙军,从大同、归绥、包头、百灵庙等地,向挺进军包围过来。东北挺进军在大青山与日军苦战七八个昼夜,终将日军击退。进攻偏关、保德的日军担心后路

---

① 《托克托县志》中,1939年有误,应为1938年,下同。

被截,不得不撤退到托克托和萨拉齐一线,中国军队先后收复了保德、偏关、河曲等县。

由于日寇组建了大编制的摩托化部队,并在飞机配合下攻击挺进军,使主力是传统骑兵的挺进军陷入被动。于是,马占山率部迅速转移,使得日寇主力又扑了个空。

据《托克托县志》327页记载,公元1939年3月间,抗日军马占山撤出托城后,一日夜,日寇突然勒令全城居民,不论老弱病残,孕妇儿童悉被强行拘押,集中于东阁粉房大院等处,日伪军警荷枪实弹,预谋进行一次血腥大屠杀。由于群众奋起反抗,胁迫县长朱锡永与之再三交涉,才避免了这场浩劫。

1938年8月下旬,马占山访问延安,受到中共领导人毛泽东的接见,并对他的抗日行动给予高度评价。

抗战中,马占山率领的东北挺进军与八路军协同作战,使日军始终未渡过黄河一步,为保卫大西北和陕甘宁做出了重大贡献。

1945年6月,马占山被任命为第十二战区副司令。8月15日,日寇投降。这天恰逢哈拉寨河神庙庙会。下午3时,庙会上演传统武戏《八大锤》[①]。

当演到岳飞大败金兵的情节时,突然停了下来。马占山走上戏台扬手高呼:"日本帝国主义宣布无条件投降了!中华民族胜利了!"

现场顿时万众欢腾,马占山作了即兴演讲,说:"现在日寇投降了,抗战胜利了,东北挺进军要回东北老家了。东北是我

[①]《八大锤》又名《王佐断臂》,包括《车轮大战》《断臂说书》两折,京剧传统剧目。该剧目取材于《说岳全传》第五十五回至第五十七回。

的第一家乡,哈拉寨是我的第二家乡。今后同胞们如果到东北去,找到我马占山,都有饭吃。在哈拉寨的几年中,老百姓为本军供给粮草,日寇飞机炸死了我的同胞,炸毁了同胞房屋,这是我马某对不住大家的地方。"

3天后,8月18日,东北挺进军开始撤离,取道河口、托克托东返,哈拉寨民众成群结队前来欢送。挺进军给民众留下了很多衣物、被褥,还有麻花等食物,说:"我们在这里几年打扰你们了,我们要走了,你们搬回家去用吧。"哈拉寨民众专门在要道口竖立一块《马公德政碑》,记述马占山的事迹。

知事屠义源与托克托

屠义源,生于1883年,湖北省孝感市人。1905年,年仅22岁的屠义源由湖北来到绥远归化城(今呼和浩特市旧城)。

1905年是清代光绪三十一年,这年8月孙中山在日本成立中国同盟会。清廷派五大臣出洋考察,立宪派掀起立宪运动。

屠义源为何来到归化城呢?因为当时归化城属山西管辖,归绥道台管辖口外十二厅:萨拉齐厅、清水厅、和林格尔厅、丰镇厅、托克托厅、宁远厅(今凉城)、归化城厅、武川厅、兴和厅、五原厅、陶林厅、东胜厅,而归绥道台胡孚宸正是湖北武汉人氏。

胡孚宸是一位非常重视教育的官员,1906年,胡道台花费12000两银子,翻修和建设归绥中学堂(今呼和浩特市第一中学)。还专门从日本购置了很多教学仪器和器材,把归绥中学堂整治得焕然一新。

不久,屠义源被清水河抚民同知吴书麟聘为教师,并奉命筹办清水河两所小学堂,同时兼任堂长。

两年后,奉归绥道令任归绥中学堂检察官。

1915年,屠义源参加山西第四届知事考试,被录取后又到了绥远,担任五原东南清源局局长。

1917年初,调任托克托知事。屠义源痛恨种植鸦片,按照上级的禁令铲除了托克托境内所有已种植的烟苗,结果引起了上下有关人员的不满,上任不足4个月便辞职。

范若珍先生在《种植鸦片对托县人民的危害》一文中写道:"托县原属绥远省,是盛产鸦片的地区。1937年七七事变前,国民党政府曾多次下令,禁止种植、销售和吸食鸦片。但这只是一纸空文,各地种植从未间断。在市、镇开设烟馆的到处可见,公开吸食者遍及城乡。烟土客商四出贩运,东到京津一带,西到宁夏、兰州等地,均有烟土客商的驻地或开设的烟土店。"

当时人们编有顺口溜:"肥不过洋烟土客,凶不过宪兵警察,可怜不过烟鬼洋瘫,临完贴进老婆娃娃。"

那么,屠知事辞职后到哪里去了?后来的工作和生活情况如何?

据赵国鼎口述、刘映元整理的《世远堂旧话》(原载《内蒙古文史资料》第三十一辑35—103页)记载:"我有一次去旧城西五十家街梁永芳的客货店铺找梁,看到托县知事屠义源全家都住在那里。屠原是知事,因痛恨种植鸦片,按照所谓禁烟命令铲除了托县所有烟苗,结果引起上下不满,干了不到4个月便被革职,全家困到归绥,由梁永芳养活起来候差。"

屠义源辞职后经济拮据,生活困难,幸得朋友资助得以维持生计,而对其帮助最大的人是梁永芳。梁永芳是武川县东区的绅士,是个政治商人,于民国二年(公元1913年)就担任了山西第一届省议会议员。此时,梁永芳是武川西区禁烟委员会的委员,是赵国鼎父亲的朋友。

1917年,屠义源奉委出任包头清源局局长兼土药罚款稽核所所长。

1919年,任绥远都统署军需科长,后调任和林格尔县知事将近5年。

1924年,调任热河政务厅长近半年。

1925年,临时执政段祺瑞任命李鸣钟为绥远都统。李鸣钟到达归绥第三天,即率领驻军司令石敬亭、参谋长兼军务处长李兴中、副官长吉鸿昌、政务厅长贾德润(后换郭景岱与屠义源)、土默特旗总管朱金城和归绥道尹邓长耀等重要官员,在旧城恒昌店巷"绥远会馆",召集绅商各界代表开会。

后来,都统李鸣钟因调到直隶指挥作战,由蒋鸿遇代理。蒋鸿遇被调往兰州"援甘"后,由宋哲元代理都统,任命屠义源为绥远政务厅长,这时已是国民军大撤退的前夕。

从1926年8月商震出任绥远都统,到1931年8月傅作义接任绥远主席,整整5年时间。这期间,国内形势错综复杂,发生了东北易帜,中原大战等重大事件。

绥远虽地处边疆,但也深受影响,兵连祸结,土匪遍地,饿殍载道,人民陷入水深火热之中。

5年之中,绥远一共换了7个都统、主席。

晋军到来之后,商震任绥远都统,代县的冯曦任实业厅长和塞北关监督,商震不在时,由冯曦代理都统。屠义源任政务厅长,曲沃的仇曾诒任财政厅厅长。

　　傅作义来绥后,屠义源担任绥远省政府参事。在成立县政视察研究委员会后,傅作义任该委员会委员长,屠义源任副委员长。同时作出具体方案,通令各县付诸实施,这一时期绥远各县政府工作大有起色。

　　1934年秋季,绥远省成立乡村建设委员会,傅作义兼任委员长,屠义源任副委员长。

　　抗战期间,屠义源任宁夏地政局局长,兴办了农林总场、毛织厂、皮革厂、畜牧场等地方性实业。

　　抗战胜利后,屠义源受傅作义之邀,又回到绥远省,任省政府参事。

　　1949年,屠义源积极参加了绥远省的和平起义。

　　新中国成立后,屠义源任绥远省人民政府参事室参事,绥远省第一届人大代表,绥远省政协第一、第二届委员。

霍亮生与托克托

笔者在《杨令德、李裕智与托克托》一文中写道:"霍佩心是杨令德舅舅的三儿子,与杨令德同岁。杨令德的舅舅叫霍亮生,是当时托克托县的名人。"

为什么说霍亮生是托克托县的名人呢?这得从头说起:

霍亮生(公元1872—1961年),托克托厅人,学名俊儒,字国珍。同治十一年(公元1872年)生于匠人家,家境颇富裕。私塾读四书五经,后捐为"监生"。辛亥革命时期曾在归绥学商,后担任托克托县保卫团团总。

霍亮生是个传奇式人物,他能文能武,颇具胆识。80岁时定居呼和浩特,90岁高龄逝世。

一、能武

20世纪30年代前后,军阀混战期间,绥境治安动荡不安。霍亮生出任团总后采取了一系列整顿民团的措施:1.凡保卫团成员,必须有三家铺保;发现与匪徒保持关系的,与匪同罪。2.保卫团保证按月发薪(工资);本人必须服装整齐,鞍鞴鲜明，战马雄健。

　　1927年冬，霍亮生率一个分队40人到了燕山营村。而此时，邻近五里的柳二营村，窜进土匪五六百人。时近深夜，多以为匪众我寡，监视待报；霍认为利用夜幕，补己之不足，邪不压正，机不可失。霍令20人分10组，从南到北，三面合围；其他20人集中待命，伺机出击。初接火，霍以手枪先连发二响，小组依次由南到北发对枪（二响），每组枪后，移动位置20步。一轮过后，二轮、三轮都如此，以迷乱敌人。果然，匪众弄不清三面合围虚实，本来乌合之众，惊弓之鸟一般，听的三面枪响，便慌乱呼哨向西逃窜。霍伺机，率其余20人，猛攻一所大院。此时，已逃匪徒，自顾不暇，该院匪徒，慌乱畏缩，片刻工夫，毙俘十数人，解决战斗。

　　还有一次，霍亮生率全团120人，进击窜入黑水泉村之近千人匪伙，部队到达黑水泉村时，已是黄昏时分。此时，匪伙呼啸集合，人嘶马叫，声传村外。霍初步判明，匪伙为萨拉齐一带人氏，因东去有日，已饱掠财物，要利用夜间回乡，西去必经官士夭桥过河。霍当机立断，率部走捷径急行军赶到官士夭小河土坝，扎好马桩，兵众伏于坝下，宣布听令发枪。已近拂晓，匪伙蜂拥而来，待半数过河桥，霍一声巨喊"打"，大小枪、机枪、手榴弹齐发。匪徒晕头转向，只顾觅路逃生，所掠财物，尽数遗弃，霍部取得胜利，并获大量战利品而还。

　　上述战斗的胜利，都是霍亮生熟读《孙子兵法》的具体运用。

　　二、能文

　　据《托克托县志》（1984年6月）记载，霍亮生对地方曲艺弹唱、丝弦乐器，颇有造诣。尤对"二人台"有较深之研究。新中国成立后，文化部门曾派人向其请教。对于"二人台"流源、剧情、词曲、腔调，霍均有所阐述，并曾著有专论"二人台"的文章发表。

当年，归化城的同和园与宴美园演"山陕梆子"，张家口的祝丰园演中路梆子。

1936年中路梆子艺人丁果仙、盖天红、筱桂桃等在"百代公司"灌了唱片后，中路梆子便风靡各地。山西大同和归绥（呼和浩特）唱北路梆子的艺人，也差不多都改唱了中路梆子。

改唱后，由于北路梆子是一个半板眼，而中路梆子是两个半板眼，结果弄成了一个"四不像"，单是道白中的一个"我"字就有五六种念法，既不像"蒲白"也不像"京白"。

当采访记者询问霍亮生对此有何评论时，他笑着答道："好像是醋熘红薯加山药蛋，着急的时候连我们托克托县的酸捞饭也端上来了。"他讲得既生动又形象。

从上述霍亮生的评价中，我们可以看到：如果戏剧艺人演唱时失去了北路梆子和中路梆子原有的味道，也就失去了各个剧种独特的风格。

下面，我们就山陕梆子、山西梆子、北路梆子、中路梆子、下路调等曲艺名词作简单介绍：

内蒙古西部的人们，多半是由山西迁来，所以山西梆子就是内蒙古西部的地方剧种。

同治年间，归化城最早的公庆园、庆喜园、嘉乐会馆等演戏场所，都开始演称为"徽班子"的"皮黄戏"。因为当时的官兵大多是从北京来的，因而徽班子在城市开始盛行，并且跟着军队到乡下演唱。

笔者在《李鸿章的"淮军"与托克托》一文中写道:"公元1868年,起义军进入伊克昭盟(今鄂尔多斯)的前套时,镇压完太平天国的"淮军"水师营和洋枪队,受清廷指令,开到萨拉齐厅包头镇和托克托厅河口镇,沿黄河布防。"当时,徽班子也随之而来。

而当徽班子跟着水师营和洋枪队回到南方以后,山西梆子便又重新抬起头来。归化城的同和园和宴美园①那时演唱的山西梆子叫"山陕梆子",它是山西蒲剧和陕西秦腔艺人在晋北二州五县与大同地区唱的一种腔调,也就是现在人们所称的北路梆子。它和蒲剧、秦腔、河北梆子非常接近。由于秦腔经过蒲州②而到达太原以北,又到河北地区,所以秦腔、蒲剧、河北梆子的艺人都能改唱山西北路梆子。

清末,归化城有一个著名的演北路梆子青衣戏的艺人飞来凤,他从前唱过"河北梆子",本地人评论飞来凤时常说:飞来凤什么也都好,就是道白有些牛头味。

长安和蒲州的艺人改唱北路梆子,没有出现这种情况。山西北路梆子,最适合忻县专区的人演唱,因为忻县人的"刚口"很好。

在太原附近演唱的山西中路梆子,形成一个剧种要比北路梆子晚些。中路梆子是用太原附近的口音演唱的,里边融合了不少太谷秧歌的韵调,由于它不同于蒲剧和北路梆子,所以又称"下路调"。

---

① 以前叫嘉乐会馆,后改为大观园。
② 三国时关羽的故乡。

下路调是两个半板眼,它与蒲剧和北路梆子相比既省嗓子又好唱,而且腔音非常圆润,因此发展成了山西梆子的正宗。

至此,我们通过上面所讲的这些戏曲往事,就可以了解到霍亮生当时所作评价的精准度了。另,据当年的报馆记者回忆,他为了写《内蒙古西部戏曲史话》,曾多次采访过霍亮生。

霍亮生的四儿子霍世昌,受其父影响对戏曲也有较深的研究。

霍世昌(1912—1984年),托克托县人,1926年,毕业于绥远师范学校后,次年夏由绥远区选送南京考入中央政治大学经济系(政治系),于1932年6月毕业。在师范读书时,就喜欢文艺,在绥远报刊上发表诗文,是《火坑》社的撰稿人之一,绥远文艺界抗敌协会理事。

1953年,霍世昌到绥远省文化局从事戏曲编审工作,整理二人台剧目《打金钱》等,并把昆曲《十五贯》移植为山西梆子。1959—1984年任内蒙古文史馆馆员。